L211

The Open University

EDUCATION AND LANGUAGE STUDIES: LEVEL 2

Nouvel Envol

H O R I Z O N S

This publication forms part of the Open University course L211 *Nouvel Envol*. The complete list of texts which make up this course can be found at the back. Details of this and other Open University courses can be obtained from the Course Information and Advice Centre, PO Box 724, The Open University, Milton Keynes MK7 6ZS, United Kingdom: tel. +44 (0)1908 653231, e-mail ces-gen@open.ac.uk

Alternatively, you may visit the Open University website at http://www.open.ac.uk where you can learn more about the wide range of courses and packs offered at all levels by The Open University.

To purchase this publication or other components of Open University courses, contact Open University Worldwide Ltd, The Open University, Walton Hall, Milton Keynes MK7 6AA, United Kingdom: tel. +44 (0)1908 858785; fax +44 (0)1908 858787; e-mail ouwenq@open.ac.uk; website http://www.ouw.co.uk

The Open University
Walton Hall, Milton Keynes
MK7 6AA

First published 2003.

Edited, designed and typeset by The Open University.

Printed and bound in the United Kingdom by the Alden Group, Oxford.

ISBN 0 7492 6536 1

1.1

Table des matières

Introduction

Welcome to *Horizons*, the writing skills component of *Nouvel Envol*.

Horizons is divided into three parts. Part 1, *Recueil de textes*, is a collection of thirty-nine contemporary texts, historical extracts and biographies, and documentary pieces drawn from a variety of sources and of different lengths. Most of these are accompanied in Part 2, *Cours d'écriture*, by thematically linked activities and exercises, while others are there for your interest and to provide further reading and examples of style and register. The third part, *Corrigés*, contains model answers to the activities and advice on how to further develop your work where appropriate.

The main aim of *Horizons* is to support you in your development and appreciation of writing and academic study skills, progressing from analysis of sentence structure, through paragraphs, to whole text features in short stories, biographies, letters, e-mails, interviews, extracts from fictional works, and media articles. The texts, each contextualized with an introduction, are also supported by the highlighting of lexical elements of interest or complexity in the *Vocabulaire express*, while particularly relevant cultural features are further commented upon in the *En passant* sections. The key learning points are clearly indicated at the beginning of each topic, with consolidation and revision incorporated to encourage you to critically reflect upon and redraft your work as you progress through the course.

The texts have been selected for their quality, relevance and cultural interest. They illustrate the key learning points of the course, while remaining of interest in their own right as pieces of writing. They serve as models, as well as a means of providing suitably challenging material at an appropriate level for work towards diplomas or degrees with the Open University. You can of course also read them for pleasure as examples of French writing styles.

The *activités*, designed specifically to deliver the key learning points, are generated by the texts. They are best worked through systematically and will enable you to monitor and self-evaluate your comprehension of texts, extend your reading and vocabulary skills and develop your confidence and ability to write in French in a range of forms and registers including letters, short stories, biographical accounts, summaries, essays, compositions, or longer pieces of writing. Advice on grammar, syntax and structure, both at sentence and discourse level, is combined with work on aspects of register and style. The activities move from teaching text and example to controlled practice and supported creative writing.

The *corrigés*, as well as providing model answers to activities which require them, go further than this in that they provide an important means of support to the learning process with models, explanations, further examples and alternatives.

While not every student wishes to become a Maupassant or a Hugo, an historical biographer or a scientific journalist, opportunity is provided throughout for you to recognize and build on your strengths and to develop areas requiring attention, in a variety of situations and in response to various needs and audiences.

Recueil de textes

1 Le pauvre Bougre et le bon Génie

Ce texte d'Alphonse Allais (1854–1905) a été choisi parce qu'il montre que dans les situations les plus graves, on peut quand même garder un certain optimisme. Les Français pensent qu'« un rire vaut un bon bifteck » et nous avons choisi de mettre ce dicton à l'épreuve.

Il y avait une fois un pauvre Bougre*. Tout ce qu'il y avait de plus calamiteux en fait de pauvre Bougre.

Sans relâche ni trêve, la guigne*, une guigne affreusement verdâtre, s'était acharnée sur lui, une de ces guignes comme on n'en compte pas trois dans le siècle le plus fertile en guignes.

Ce matin-là, il avait réuni les sommes éparses dans les poches de son gilet.

Le tout constituait un capital de 1 franc 90 (un franc quatre-vingt-dix).

C'était la vie aujourd'hui. Mais demain? Pauvre Bougre!

Alors, ayant passé un peu d'encre sur les blanches coutures de sa redingote* il sortit, dans la fallacieuse* espérance de trouver de l'ouvrage*.

Cette redingote, jadis noire, avait été peu à peu transformée par le Temps*, ce grand teinturier, en redingote verte. Et le pauvre Bougre, avec la meilleure foi du monde, disait maintenant: ma redingote verte.

Son chapeau, qui lui aussi avait été noir, était devenu rouge (apparente contradiction des choses de la Nature!).

Cette redingote verte et ce chapeau rouge se faisaient habilement valoir.

Ainsi rapprochés complémentairement, le vert était plus vert, le rouge plus rouge, et, aux yeux de bien des gens, le pauvre Bougre passait pour un original chromomaniaque*.

Toute la journée du pauvre Bougre se passa en chasses folles, en escaliers mille fois montés et descendus, en anti-chambres longuement hantées, en courses qui n'en finiront jamais. Et tout cela pour pas le moindre résultat.

Pauvre Bougre!

Afin d'économiser son temps et son argent, il n'avait pas déjeuné!

(Ne vous apitoyez pas, c'était son habitude.)

Sur les six heures, n'en pouvant plus, le pauvre Bougre s'affala devant un guéridon de mastroquet* des boulevards extérieurs.

Un bon caboulot* qu'il connaissait bien, où pour quatre sous on a la meilleure absinthe du quartier.

Pour quatre sous, pouvoir se coller un peu de paradis dans la peau, comme disait feu* Scribe, ô joie pour les pauvres Bougres!

Le nôtre avait à peine trempé ses lèvres dans le béatifiant liquide, qu'un étranger vint s'asseoir à la table voisine.

Le nouveau venu, d'une beauté surhumaine, contemplait avec une bienveillance infinie le pauvre Bougre en train d'engourdir sa peine à petites gorgées.

– Tu ne parais pas heureux, pauvre Bougre? fit l'étranger d'une voix si douce qu'elle semblait une musique d'anges.

– Oh non... pas des tas!

– Tu me plais beaucoup, pauvre Bougre, et je veux faire ta félicité. Je suis un bon Génie. Parle... Que te faut-il pour être parfaitement heureux?

– Je ne souhaiterais qu'une chose, bon Génie, c'est d'être assuré d'avoir cent sous* par jour jusqu'à la fin de mon existence.

– Tu n'es vraiment pas exigeant, pauvre Bougre! Aussi ton souhait va-t-il être immédiatement exaucé.

Être assuré de cent sous par jour! Le pauvre Bougre rayonnait.

Le bon Génie continua:

– Seulement, comme j'ai autre chose à faire que de t'apporter tes cent sous tous les matins et que je connais le compte exact de ton existence, je vais te donner tout ça... en bloc.

Tout ça en bloc!

Apercevez-vous d'ici la tête du pauvre Bougre!

Tout ça en bloc!

Non seulement il était assuré de cent sous par jour, mais dès maintenant il allait toucher tout ça... en bloc!

Le bon Génie avait terminé son calcul mental.

– Tiens, voilà ton compte, pauvre Bougre!

Et il allongea sur la table 7 francs 50 (sept francs cinquante).

Le pauvre Bougre, à son tour, calcula le laps que représentait cette somme.

Un jour et demi!

N'avoir plus qu'un jour et demi à vivre! Pauvre Bougre!

– Bah! murmura-t-il, j'en ai vu bien d'autres!

Et, prenant gaîment son parti, il alla manger ses 7 francs 50 avec des danseuses.

(http://ourworld.compuserve.com/homepages/bib_lisieux/povbougr.htm) [dernier accès le 16 avril, 2002]

*Vocabulaire express

un pauvre bougre   a poor bloke

la guigne   bad luck

la redingote   frock coat

fallacieuse   mad, erroneous

l'ouvrage   work

le Temps   passage of time, 'Old Father Time'; here, also, the weather

un chromomaniaque   colour-mad person

un mastroquet   a bar

un caboulot   a small restaurant

feu   the late

cent sous   five francs

En passant

Alphonse Allais, qui adorait faire des plaisanteries à ses contemporains, a sans doute choisi cette fin pour son histoire afin de choquer l'ennemi juré des écrivains du XIXᵉ siècle: le bourgeois. Pour eux, le bourgeois représentait ce qu'il y a de plus conservateur, aussi bien au niveau des mœurs que des arts dans toutes leurs représentations. Allais aimait raconter qu'il possédait le plus petit musée du monde et que parmi les trois objets qu'il y entreposait se trouvait le crâne de Voltaire à l'âge de dix-sept ans. Si le cœur vous en dit, allez visiter ce musée sur internet, à l'adresse suivante:

http://www.passocean.com/dddeuxsieclesdhistoire/alphonseallais/musee/musee.html

Scribe, Eugène (1791–1861): auteur dramatique français.

Matière à penser

- Imaginez que vous racontez une histoire basée sur celle du pauvre diable d'Alphonse Allais. Selon vous, quelle fin différente pourrait-on donner à cette histoire?

- Que feriez-vous dans une situation pareille? Comment dépenseriez-vous vos dernières économies?

2 Le stress: le syndrome d'adaptation

Voici un article qui explique la fonction et les dangers du stress. Ce texte a été choisi pour son caractère scientifique, le style est dénué de fioritures*, contrairement à ce que l'on peut parfois trouver dans les textes littéraires.

On doit l'idée de stress à un chercheur canadien, Hans Selye, qui, le premier, a décrit le stress ou « syndrome général d'adaptation » dans les années 1930.

Ce biologiste avait remarqué que lorsque l'on soumet une population d'animaux à une contrainte quelconque (par exemple une injection de produit, mais aussi une surpopulation, une restriction alimentaire ou encore une température trop faible), ils tombent malades et meurent. À l'autopsie, on retrouve presque toujours un phénomène qui était à l'époque inexpliqué: l'augmentation de volumes des glandes surrénales. Ces minuscules glandes hormonales, situées au-dessus du rein, ont un rôle fondamental dans l'activité du système nerveux sympathique, en sécrétant de nombreuses hormones dont la plus connue est l'adrénaline.

Prenons un exemple: lorsque vous subissez un stress, c'est-à-dire lorsque vous éprouvez une « agression quelconque » (elle peut être tout à fait minime et sans danger, comme le fait de prendre la parole en public), votre rythme cardiaque s'accélère, vous devenez pâle ou vous transpirez à grosses gouttes. Si la peur ou l'émotion est plus intense, les réactions physiques peuvent être plus importantes, avec, par exemple, des vomissements ou une perte involontaire des urines. Toutes ces réactions sont dues à la production excessive d'hormones et sont à la longue responsables de véritables maladies: on a

décrit ainsi des ulcères de l'estomac ou des maladies des coronaires provoqués uniquement par un stress. C'est l'exemple classique de rats de laboratoire à qui l'on donne à la fois de la nourriture (récompense) et une décharge électrique (punition): le même stimulus engendre à la fois plaisir et douleur. Ne sachant comment interpréter ce stimulus contradictoire, le rat fait rapidement un ulcère à l'estomac, comme le prouve l'autopsie de son cadavre.

L'ensemble de ces signes constitue ce que l'on appelle « le syndrome général d'adaptation » ou stress (ce mot désigne à la fois la cause et l'effet de l'agression). Il s'agit d'un ensemble de symptômes non spécifiques, qui se manifestent quel que soit l'agent agresseur ou l'événement, et viennent bien entendu s'ajouter aux symptômes spécifiques de l'agression (signes infectieux, traumatiques, etc.).

LES TROIS PHASES

Selon les travaux de Hans Selye et de ses successeurs, le syndrome d'adaptation se développe en trois phases:

La réaction d'alarme: c'est la phase initiale, où apparaissent les premières réactions à l'agression. Chez l'homme, la réaction d'alarme est bien connue: le cœur s'accélère, la respiration est courte et rapide, et il y a des modifications de la répartition du sang dans l'ensemble de l'organisme.

Le stade de résistance: le corps est bien adapté à l'agression, par exemple lorsque celle-ci est permanente (le froid).

Le stade d'épuisement: le corps est débordé par le stress si celui-ci persiste. Vous tombez malade ou vous mourez parce que vos capacités de résistance sont débordées. Prenons un exemple: vous vous êtes égaré en montagne et il fait de plus en plus froid. La première phase est la réaction d'alarme: vous sautez sur place, vous bougez, vous vous roulez en boule, le sang se redistribue dans l'organisme pour irriguer en priorité les viscères. Puis s'installe la phase de résistance: vous résistez au froid, mais le sang se retire de plus en plus des extrémités et des membres pour irriguer surtout les organes nobles (cerveau, cœur). Enfin, arrive la phase d'épuisement: votre corps ne résiste plus au froid, la température centrale s'abaisse et vous pouvez mourir si les secours n'arrivent pas.

(http://www.pratique.fr/sante/forme/em24a02.htm) [dernier accès le 16 avril, 2002]

Vocabulaire express

les fioritures embellishments

Matière à penser

- Certains disent que l'on a besoin de stress pour mieux fonctionner. Qu'en pensez-vous?

- Le stress est-il tout mauvais ou tout bon?

- Selon vous, en quoi le stress apporte-t-il ou retranche-t-il quelque chose à notre mode de fonctionnement?

3 À Ninon

Dans ce texte d'Émile Zola (1840–1902), le narrateur fait une description lyrique de la Provence. L'extrait a été choisi pour l'emploi des nombreux adjectifs qui permettent à l'écrivain d'exprimer des sentiments profonds face à ce paysage.

[…]

Pauvre terre desséchée, elle flamboie au soleil, grise et nue, entre les prairies grasses de la Durance et les bois d'orangers du littoral. Je l'aime pour sa beauté âpre, ses roches désolées, ses thyms et ses lavandes. Il y a dans cette vallée stérile je ne sais quel air brûlant de désolation: un étrange ouragan de passion semble avoir soufflé sur la contrée; puis, un grand accablement s'est fait, et les campagnes, ardentes encore, se sont comme endormies dans un dernier désir. Aujourd'hui, au milieu de mes forêts du Nord, lorsque je revois en pensée ces poussières et ces cailloux, je me sens un amour profond pour cette patrie sévère qui n'est pas la mienne. Sans doute, l'enfant rieur et les vieilles roches chagrines s'étaient autrefois pris de tendresse; et, maintenant, l'enfant devenu homme dédaigne les prés humides, les verdures noyées, amoureux des grandes routes blanches et des montagnes brûlées, où son âme, fraîche de ses quinze ans, a rêvé ses premiers songes.

(Zola, E. (1875) *Contes à Ninon*, Paris, Charpentier, pp. 1–2)

Matière à penser

- Les romantiques français du début du XIXe siècle avouaient ressentir beaucoup de bonheur au sein de la nature. Pouvez-vous nommer un ou deux auteurs de cette période dans votre pays et dire si leurs œuvres manifestent un amour pour la nature sauvage?

- Essayez d'associer un moment de sentiments profonds (tristesse, bonheur) et un paysage particulier dans votre vie.

4 Excursions à pied

Cet article a été écrit pour le *Guide touristique Baedeker* de 1901. Il fournit des conseils aux randonneurs à pied. Les bons conseils restent souvent valables malgré le changement d'époque. Ce document est fort utile par la richesse du vocabulaire qu'il permet d'acquérir et le cadre géographique décrit. Document historique, il contient un certain nombre de mots que l'on n'emploie plus de nos jours.

La partie de la France dont traite ce volume présente des endroits très intéressants qu'on ne peut visiter qu'à pied. Les vrais touristes préfèrent même encore souvent aller à pied dans les montagnes, lorsqu'ils pourraient faire autrement.

Un certain entraînement est toutefois utile aux personnes qui sont peu habituées à la marche, afin qu'elle ne leur soit pas trop pénible. On doit aussi pour cela éviter le plus possible dans la nourriture ce qui peut favoriser la production de la graisse: aliments gras et aliments dits d'épargne, farineux, sucre et boissons aqueuses, mais la machine humaine a néanmoins besoin, comme les autres, d'être bien alimentée. On doit également, pour s'entraîner, se priver d'alcool et de tabac.

Le costume, en laine, sera plutôt léger, mais, surtout si l'on est sujet à transpirer beaucoup, on aura de quoi se couvrir à l'arrivée, particulièrement sur une hauteur, si l'on doit y stationner. Au besoin, ôter durant la marche un vêtement qu'on remettra en arrivant. Il sera encore bon alors de boire aussi peu que possible et plutôt chaud que froid, en tout cas à petites gorgées.

C'est surtout pour les excursions dans les montagnes qu'il importe d'avoir de bonnes chaussures, des brodequins ou mieux des souliers larges, à fortes semelles et déjà faits aux pieds, qui doivent être garnis de gros clous avant les grandes ascensions et pour aller sur les glaciers. Avec des souliers, il faut de plus de fortes guêtres* en drap. Les pieds tendres s'habituent plus facilement qu'on ne le croit d'abord à ces sortes de chaussures. On doit aussi alors porter des chaussettes de laine, avec lesquelles on a rarement des ampoules et qui sont du reste souvent nécessaires à cause du froid dans les hautes montagnes. Quand on a des ampoules, on les perce en y passant un fil de soie qu'on y laisse. Les pieds s'endurcissent quand on les frotte matin et soir avec de l'eau-de-vie et du suif*. On fait bien aussi, après une marche forcée, de prendre un bain de pied avec du son*. Un bain chaud fatigue pour le lendemain. Avant d'entreprendre de grandes courses, on frottera l'intérieur de ses bas, jusqu'aux chevilles, avec du savon ou du suif.

Si l'on doit prendre des bagages, il faut un sac qui puisse se porter facilement sur le dos et, si léger qu'il soit, on ne saurait guère s'en charger, car la marche est déjà assez fatigante à elle seule. On a donc alors besoin d'un porteur, si l'on n'a pas un guide qui prenne[1] le sac, ce qui renchérit notablement les excursions. Souvent il faut aussi des provisions de bouche et divers objets spéciaux, mais on doit se charger et s'embarrasser

---

[1] present subjunctive of *prendre*

le moins possible. On trouve des bâtons ferrés, à raison de 1 fr. et davantage, aux endroits où l'on en a besoin. Comme on ne doit jamais boire pure l'eau des torrents ni des glaciers, il faut un bidon rempli de vin, de rhum, de café ou de thé froid, et un gobelet en cuir. Un bon couteau à tire-bouchon est encore souvent nécessaire. On aura ensuite, suivant les besoins: une carte spéciale, une corde, une longue-vue ou une jumelle, une petite boussole, un petit thermomètre, un baromètre anéroïde*, une petite fiole d'ammoniaque (pour les piqûres d'insectes) ou mieux une pharmacie de poche, etc.

(Baedeker (1901) *Sud-est de la France*)

Vocabulaire express

guêtres leggings, spats

du suif tallow

du son bran

un baromètre anéroïde a type of barometer used to measure atmospheric pressure and to estimate altitude

Matière à penser

- Pensez-vous que la nature humaine a vraiment changé ou que nous aimons toujours les mêmes plaisirs simples que nos ancêtres?

5 « *Graine d'appétit* » *sert déjà 110 couverts*

Cet article montre l'évolution des restaurants *fast-food* et nous donne un aperçu de l'avenir possible de la gastronomie française.

Voici un restaurant sans cuisinier qui ne sert que des plats cuisinés. « Graine d'appétit », c'est son nom, s'est implanté à Nantes et fête sa première année d'existence.

Sans tambour ni publicité, en s'appuyant sur le bouche-à-oreille, ce sont désormais 110 couverts qui sont servis à l'heure du déjeuner. La clientèle, composée essentiellement de personnes travaillant dans le centre-ville, est attirée par la particularité de ce « libre-service assisté » hors norme. Chacun peut en effet composer son menu (comme chez soi) en allant tout simplement faire ses courses au supermarché.

C'est que « Graine d'appétit » propose des plats cuisinés et des entrées signées Fleury-Michon et des desserts du groupe Danone. Des produits présents sur n'importe quel linéaire de grande distribution. Comme l'explique Serge Papin, un Vendéen propriétaire de plusieurs supermarchés et actionnaire à titre personnel de ce restaurant unique en France, le projet a été initié par Yves Gonnord, le président de Fleury-Michon, qui ouvre ainsi de nouveaux débouchés à ses produits.

Une bonne intuition, car des enquêtes ont montré que, si le plus grand nombre des personnes interrogées connaît bien la marque, beaucoup n'ont jamais goûté les plats que Fleury-Michon concocte dans ses usines vendéennes. Bonne occasion de les découvrir en déjeunant à « Graine d'appétit ».

En entrant dans le restaurant, le client passe d'emblée devant deux grands présentoirs. Outre des salades variées, près de quarante plats cuisinés s'alignent dans leur boîte: chili con carne, tajine de poulet, bœuf bourguignon, poulet tandori, et les deux recettes de Joël Robuchon, cuisinier conseil de Fleury-Michon, le parmentier au confit ou le pavé de sandre.

Un choix vaste qui évite la monotonie et permet au restaurant de fidéliser sa clientèle. « En effet, souligne Jean-Michel Lépineau, directeur de *Graine d'appétit*, nous avons une très forte clientèle d'habitués dont beaucoup de femmes. Nous travaillons essentiellement au déjeuner et fermons à 21 heures. La formule (38 F pour un plat, un dessert et une boisson) représente 40% des plateaux. Elle concurrence largement en prix celle des établissements de restauration rapide. »

Une fois le plateau choisi, il suffit de se rendre à la caisse placée devant un mur tapissé de fours à micro-ondes. Addition réglée, le client prend place dans une salle agréable (80 places assises) au plancher en iroko et aux murs recouverts de panneaux en érable blond. Le plat, présenté dans une assiette, est servi à bonne température et quelques minutes plus tard par une serveuse. Pour moins de 60 francs, on déjeune fort bien. Le restaurant alignant 380 références, l'ordinaire des jours suivants sera différent.

Forts d'un seuil de rentabilité atteint en moins de six mois, l'objectif des créateurs de « Graine d'appétit » est de multiplier les enseignes et d'en faire une chaîne de franchisés.

(*Le Figaro*, 12 janvier 2001, p. 20)

Matière à penser

- Que pensez-vous de la façon dont nous prenons nos repas au XXIᵉ siècle?

- Autrefois, nos aliments provenaient de l'agriculture de notre région. De nos jours, ce que nous consommons provient de 'l'industrie alimentaire' qui est dominée par de puissantes firmes transnationales. Qu'est-ce que cela nous dit sur notre attitude envers la production de notre alimentation?

6 Ce qui disparaît de Paris

Le texte suivant a été écrit par Honoré de Balzac, romancier français, (1799–1850) en 1846. Dans l'article il regrette l'influence du nombre croissant de boutiques dans les 'grandes rues' de Paris sur les petits commerçants et les petits métiers de l'époque. Ce texte a été sélectionné pour montrer que les circonstances peuvent changer, mais que les arguments et les plaintes ne changent pas beaucoup d'une époque à une autre.

Aujourd'hui, la boutique a tué toutes les industries 'sub dio'*, depuis la sellette* du décrotteur*, jusqu'aux éventaires* métamorphosées en longues planches roulant sur deux vieilles roues. La boutique a reçu dans ses flancs dispendieux, et la marchande de marée, et le revendeur, et le débitant d'issues*, et les fruitiers, et les travailleurs en vieux, et les bouquinistes, et le monde entier des petits commerces. Le marroniste lui-même s'est logé chez le marchand de vin. À peine voit-on de loin en loin une écaillère* qui reste sur sa chaise, les mains sous ses jupes, à côté de son tas de coquilles. L'épicier a supprimé le marchand d'encre, le marchand de mort aux rats, le marchand de briquets d'amadou, de pierre à fusil. Les limonadiers ont absorbé les vendeurs de boissons fraîches. [...]

Savez-vous quel est le prix de cette transformation? [...]

Vous payez cinquante centimes les cerises, les groseilles, les petits fruits qui jadis valaient deux liards!

Vous payez deux francs les fraises qui valaient cinq sous, et trente sous le raisin qui se payait dix sous!

Vous payez quatre à cinq francs le poisson, le poulet, qui valaient trente sous!

Vous payez deux fois plus cher qu'autrefois le charbon, qui a triplé de prix. Votre cuisinière, dont le livret à la caisse d'épargne offre un total supérieur à celui des économies de votre femme, s'habille aussi bien que sa maîtresse quand elle a congé!

L'appartement qui se louait douze cents francs en 1800, se loue six mille francs aujourd'hui.

La vie qui jadis se frayait à mille écus, n'est pas aujourd'hui si abondante à dix-huit mille francs!

La pièce de cent sous est devenue beaucoup moins que ce qu'était jadis le petit écu!

Mais aussi vous avez les cochers de fiacre en livrée qui lisent, en vous attendant, un journal écrit, sans doute exprès pour eux. […]

Enfin vous avez l'agrément de voir sur une enseigne de charcutier; 'Un tel, élaive[1] de M. Véro', ce qui vous atteste le progrès des lumières!*

(Balzac, H. (1846) *Le diable à Paris*)

Le limonadier

[1] deliberate misspelling of *élève*

*Vocabulaire express

sub dio open air

la sellette seat, stool

le décrotteur shoe-shine boy

les éventaires stalls

le débitant d'issues tallow seller

une écaillère oyster seller

les lumières education, enlightenment

En passant

écu pièce de 5 francs en argent

franc (à partir de 1801) monnaie d'or équivalent à une livre, ou 20 sous

24 livres un louis

un sou 12 deniers

un denier 1/12 d'un sou

un liard monnaie de cuivre équivalent à 3 deniers

Matière à penser

- Trouvez la phrase qui semble indiquer que Balzac n'était pas très fort en mathématiques.

- Tout progrès est-il toujours mauvais?

- Pensez-vous que le 'bon vieux temps' était vraiment si bon?

7 La plus petite maison adjugée à Bruxelles 4,9 millions

Cet article illustre un style de reportage journalistique. Il a été choisi parce qu'on y trouve un mélange de discours direct et de discours indirect.

La vente publique de la plus petite maison de Bruxelles, située 19 rue Marché aux Fromages, a fait salle comble. Mercredi, en fin d'après-midi, une petite centaine de personnes se pressaient, rue de la Montagne, dans l'une des salles de la Maison des notaires tout récemment rénovée. Un événement médiatique inversement proportionnel à la dimension de la minuscule demeure de quatre étages (18 m2 par niveau) datant du XVIIᵉ siècle, qui s'ouvre sur l'impasse de la Poupée: télés, radios et presse écrite s'étaient aussi déplacées en nombre.

La maison, qui abrita pendant longtemps les activités du « Patriarche », une association d'aide aux toxicomanes, avait déjà été adjugée à 800.000 F lors d'une première séance, comme l'a expliqué le notaire, avant de relancer les enchères.

Deux millions, intervient immédiatement une voix dans la salle. Petit silence… Cinquante de plus, renchérit un autre candidat. De cent mille francs en cent mille francs, le prix monte jusqu'à 4 millions… Les choses commencent à devenir sérieuses. La bataille ne se joue plus qu'entre trois ou quatre candidats acheteurs. Les clercs du notaire prennent consciencieusement note de leur identité. Un léger brouhaha remue la salle. Je reprends les enchères. Le prix s'envole jusqu'à 4,9 millions une fois, 4,9 millions deux fois, avertit le notaire. Un petit signe de votre part me ferait plaisir. Bon, 4,9 millions trois fois. Adjugé. La vente publique aura duré une demi-heure, tout au plus.

C'est tout de même beaucoup d'argent, lâche Jo, l'un des concurrents évincés. Cette maison a bien sûr une valeur sentimentale, mais mon portefeuille a des limites. Enfin, on a encore quinze jours pour réfléchir.

C'est une valeur tout à fait symbolique, juge un expert immobilier, venu là en curieux. Je n'ai pas fait d'offre. J'attendais la réaction des autres candidats. Il faut savoir que la maison ne peut être mise en location. Elle n'est pas conforme. On peut l'occuper soi-même mais il y a beaucoup d'espace perdu, je trouve.

Caméras et photographes se précipitent vers l'acquéreur du bien. Je veux en faire le plus petit musée de Belgique, annonce Jef Van Kemenade. Un musée en rapport avec le fromage, précise ce Belge qui vit en Espagne. C'est vraiment trop petit pour y habiter. C'est cher, je ne comptais pas débourser autant, mais je la voulais vraiment.

Mais Jef Van Kemenade ne deviendra définitivement propriétaire du bien que dans un délai de quinze jours, pour autant que personne ne fasse une offre supérieure à la sienne. Dans le cas contraire, une nouvelle séance publique serait organisée.

(*Le Soir du jeudi*, 11 janvier, 2001)

En passant

Le franc belge, institué en 1832, a son origine dans le franc français introduit par Napoléon lors de l'annexion de la Belgique par la France. La plus petite maison de Bruxelles a été vendue pour 120.000 euros.

Matière à penser

* Pensez-vous que nous avons perdu le sens de la vraie valeur des choses et que nous ne retenons que le prix des choses?

8 Les vieilles façades ont la peau dure

Pour ou contre le façadisme? Cet article présente des arguments pour et contre certains styles architecturaux et l'impact du façadisme sur la protection de notre patrimoine.

Urbain Dufresne

Alors, Françoise Lambert, si j'ai bien compris, lorsqu'on reconstruit des quartiers entiers, on refait tout à neuf, à l'exception de la façade des anciennes maisons que l'on garde. On a appelé ce style d'architecture « façadisme ». D'où vient le terme?

Françoise Lambert

C'est un nouveau mot inventé il y a une quinzaine d'années par un Canadien pour qualifier les opérations postmodernes qui se déployaient aux USA et au Canada comme en Europe: la conservation de façades anciennes d'immeubles refaits à neuf. Le résultat absurde de cette logique, c'est la façade en plastique qui imite la pierre de taille ancienne, oui, oui, comme on en voit aujourd'hui à Bruxelles.

Urbain Dufresne

Est-ce que le façadisme est un phénomène nouveau?

Françoise Lambert

Non. Le façadisme a des antécédents très anciens. Toutefois, de nos jours, on pratique maintenant l'opposé de ce qui s'est passé autrefois. En effet, au XIXe siècle, les pouvoirs publics imposent la construction de façades neuves pour dissimuler les quartiers anciens. Lors du percement de la rue Montmartre, par exemple, le préfet de Paris oblige les propriétaires à élever des façades Louis-Philippe sur les restes de ces maisons du Moyen Âge. Jusqu'au XXe siècle il y a donc une conception administrative qui tient avant tout à la neutralité et à l'uniformité.

Urbain Dufresne

Mais comment ce façadisme ancien va-t-il faire un retour en arrière et effectuer un retour au passé?

Françoise Lambert

C'est surtout à cause des destructions de la guerre de 14–18. Par exemple, Noyon, que l'on prend généralement pour une ville médiévale, a été entièrement rebâtie: on a reconstruit les façades pour effacer les traces de la guerre. À Ypres, en Belgique, on a même voulu faire plus gothique qu'avant! Mais, derrière, ces façades ultra-gothiques, l'aménagement est complètement moderne, aéré, rationnel…

Urbain Dufresne

Alors, le façadisme est-ce que ce serait l'expression d'un rejet de l'architecture moderne?

Françoise Lambert

Vous voyez, la génération qui a cru à l'architecture moderne, c'est celle de la Seconde Guerre: gaullistes et communistes, contre la droite traditionaliste. André Malraux, que l'on présente comme un défenseur du patrimoine, en fait, a lutté pour la création de nouveaux paysages urbains, comme la zone de tours, à Montparnasse. Mais la médiocrité de beaucoup de réalisations modernes a engendré une réaction violente, qui a amené plus tard le retour à des règlements plus stricts.

Urbain Dufresne

Alors, finalement, le façadisme, c'est une façon de préserver le paysage urbain…

Françoise Lambert

Hé bien, le problème est là. Dans la mesure où il est purement cosmétique, le façadisme apparaît comme une solution pauvre. Mais, d'un autre côté, si on ne défend pas du tout les façades anciennes, on laisse les forces du marché créer une urbanisation à l'américaine.

(d'après *Libération*, 29 janvier, 1999)

Matière à penser

- Devons-nous remplacer les vieux bâtiments ou les préserver?

- Protéger notre héritage architectural, n'est-ce pas courir le danger de tomber dans la création de pastiches?

- Que pensez-vous de l'architecture moderne?

9 La vidéo-surveillance

Dans cet article vous vous rendrez compte du progrès réalisé en matière de surveillance.

En France, comme d'ailleurs dans beaucoup de pays de la communauté européenne, les caméras se multiplient rapidement dans le paysage urbain. Voilà déjà plusieurs années que l'Assemblée nationale et le Sénat ont voté l'autorisation de la vidéo-surveillance sur la voie publique. La présence fort généralisée de ces caméras soulève encore des arguments et des émotions contradictoires parmi le grand public. Au début on a installé les caméras pour surveiller la circulation dans les villes afin d'éviter les embouteillages et de contrôler les excès de vitesse des automobilistes. Les caméras ont surtout permis à la police d'intervenir instantanément en cas de bouchons en actionnant automatiquement les feux de circulation en fonction du nombre de véhicules aux carrefours.

Ensuite elles ont permis aux autorités d'intervenir rapidement en cas d'incidents dans les rues en envoyant les secours nécessaires au bon endroit avec un minimum de retard. De cette façon beaucoup de vies ont pu être sauvées. On peut donc dire que dans ce domaine le bilan de la vidéo-surveillance est fort positif.

À la faveur de cette expérience, d'autres actions se sont vite développées. D'abord, dans plusieurs villes et villages, les parents d'élèves et les professeurs ont réclamé des caméras devant les collèges et les lycées; inévitablement, vu le succès de ces installations, d'autres responsables ont ensuite exigé des caméras sur les stades et autres bâtiments publics. Enfin, on a mis des caméras dans les centres commerciaux et même dans certains quartiers résidentiels.

Selon certains, tout cela représente la porte ouverte à un contrôle excessivement répressif de la population par l'État. On pense à *Big Brother*, le dictateur imaginé par Orwell qui espionnait ses concitoyens à longueur de journée. Mais d'après l'expérience bien efficace menée dans bien des communes on constate qu'il n'y a aucun effet pervers et que le côté néfaste de la vidéo-surveillance s'avère extrêmement exagéré. Au contraire, les autorités affirment que les crimes et les agressions sont en nette regression. Un député-maire s'est même vanté de l'absence quasi-totale d'agressions dans sa commune depuis qu'on y a installé des caméras.

Il faut donc accepter la réalité. La vidéo-surveillance fait dorénavant partie intégrante de notre vie quotidienne.

(Graham Bishop, 2001)

Matière à penser

- Est-ce que nous sommes moins libres qu'autrefois?

- Selon vous, les caméras, renforcent-ils l'État *Big Brother* ou la protection du public contre les malfaiteurs?

- Avons-nous déjà dépassé le stade de cette société décrite par George Orwell dans *1984*?

10 Jeanne Moreau en habit vert – rencontre avec une immortelle

Ce texte a été choisi comme exemple d'une interview en discours direct. La comédienne Jeanne Moreau est aujourd'hui la première femme membre de l'Académie des beaux-arts.

LE FIGARO. Vous rêviez d'immortalité?

Jeanne MOREAU. Oh, ça, c'est une abstraction. C'est Roman Polanski qui m'a demandé si j'acceptais de me soumettre aux élections. Ma première réaction a d'abord été négative.

Pourquoi?

Je traversais une période de création, je préparais la pièce [...] et je n'avais pas envie de m'exposer. Puis je me suis dit que c'était absurde de refuser. Un signe d'orgueil. Je l'ai alors rappelé, acceptant ce cadeau. Quand on aime, comme moi, faire des cadeaux, il faut savoir les recevoir.

Votre père disait: « Les honneurs ça vaut mieux qu'un coup de pied au cul. » Vous le pensez également?

(*Rires*). Oui, plutôt que d'être fustigée, mieux vaut être cajolée! En plus, cela m'a permis de faire un travail intérieur, de passer en revue ce qui est le moteur de mon existence. Savoir pourquoi on fait les choses, à quoi elles correspondent.

Vous n'aviez jamais eu l'occasion de vous pencher sur le passé?

Non. Il y a bien sûr ces petits moments d'introspection, au quotidien, en fin de journée. Au catéchisme quand j'étais petite fille, c'est ce qu'on appelait l'examen de conscience. Mais je ne suis pas du genre à regarder en arrière. Comme j'ai dû écrire un discours, j'ai donné quelques éclaircissements sur la personne qu'ils viennent d'installer dans ce fauteuil. Les gens vous connaissent à travers une image. Et il y a une personne secrète.

Qu'est-ce qui est remonté à la surface?

Des souvenirs d'enfance, ce besoin de solitude. Mes parents faisaient un métier public. Mon père était hôtelier-restaurateur à Vichy. Je n'ai jamais connu de maison familiale, de chambre à moi. Cela a peut-être joué.

Vichy, c'était le calme, l'ennui?

Moi, l'ennui, je ne sais pas ce que c'est. J'ai vécu à Vichy de l'âge de trois ans et demi à l'âge de dix ans. Il y avait un climat très passionnel.

Votre mère, anglaise et danseuse, faisait partie de la troupe des Tiller Girls. Comment a-t-elle rencontré votre père?

Elle l'a connu à Montmartre dans son restaurant de la Cloche d'Or. Elle a abandonné son métier – à regret – quand elle s'est mariée. Mon père s'est opposé jusqu'au bout à ma vocation. C'est un avantage. Cela vous force à l'excellence, à vérifier l'énergie que vous voulez dépenser pour réaliser votre rêve. Toute ma vie, j'ai voulu prouver à mon père que j'avais raison.

Qu'est-ce que cela représente pour vous d'être la première femme membre de l'Institut?

C'est très important. Toute vie est une recherche d'harmonie. La présence des femmes était donc essentielle. Et puis, c'est réparer une injustice. La créativité féminine est complémentaire de la créativité masculine. J'ai été dirigée par une majorité d'hommes et on sent toujours chez eux une sorte d'inquiétude pour essayer de faire coïncider leur imaginaire avec ce que vous représentez. Avec Bunuel, Orson Welles, Louis Malle ou François Truffaut, c'était bien sûr différent. Quand je dirige les acteurs, je les conduis à un point où ils peuvent s'épanouir, sans avoir un désir de prise de pouvoir.

Vous ne vous êtes jamais identifiée à un rôle?

Non, je suis comme le personnage. Mais le personnage ce n'est pas moi. Sinon je serais une mauvaise comédienne.

Par vos choix cinématographiques, n'avez-vous pas le sentiment d'avoir incarné une femme d'avant-garde?

C'est vrai que je ne ressemblais pas à l'image classique de la femme vue habituellement à l'écran. Ce qui émanait de moi, a attiré certains réalisateurs à une époque où le cinéma était en mutation. Il y avait un désir de la part de tous ces jeunes critiques, futurs jeunes cinéastes, de raconter d'une autre manière les histoires de la vie. Des gens comme Losey, rescapé de la liste noire hollywoodienne ou Richardson, qui faisait partie des jeunes gens en colère anglais, m'ont également fait tourner parce que je représentais une femme différente.

Comment pourriez-vous la définir?

Que ce soit dans *Les Amants* comme dans *La mariée était en noir*, *La Notte*, *Mademoiselle*, *Jules et Jim*, *La Baie des anges*… elles sont toutes rebelles, marginales, solitaires, prêtes à aller jusqu'au bout. Au-delà des personnages, ce qu'il y avait de merveilleux dans la nouvelle vague c'était l'abolition de la hiérarchie – qui a vite repris ses droits. Par ailleurs, je n'ai jamais voulu donner une image de la femme qui ne soit pas noble.

Pourquoi?

Parce que… parce que je connais tous les vertiges, je sais toutes les dépressions dans lesquelles on peut tomber et qui peuvent être liées à la peur de la solitude, de la beauté perdue…

Qu'est-ce qui vous a poussée à devenir metteur en scène?

J'ai toujours été curieuse de voir tout ce qui se passait sur cette aire de jeu qu'est un plateau de cinéma ou de théâtre. Et je sentais que le temps était venu d'être autonome. J'avais ce besoin irrésistible, ce devoir de transmettre.

(*Le Figaro*, 10 janvier 2001, p. 30)

En passant

L'Académie des beaux-arts est une des cinq compagnies de l'Institut de France – elle comprend cinquante-cinq membres (peintres, sculteurs, architectes, graveurs, compositeurs de musique, créateurs d'œuvres cinématographiques et audiovisuelles, membres libres).

Les Immortels: nom donné aux membres de l'Académie à cause de la devise figurant sur le sceau donné à l'Académie par Richelieu en 1635. Ils portent un uniforme de drap noir bordé de soie verte et une épée.

Matière à penser
- Pour vous, qu'est-ce qu'une femme avant-garde?
- Peut-on parler d'une spécificité des metteurs en scène femmes?

11 Côté jardin, notre envoyé spécial s'est fait tout petit... Pas assez.

Ce texte nous fait entrer dans les coulisses du monde du spectacle, avec son vocabulaire très spécialisé.

Assister à une représentation de « La dame aux camélias » des coulisses, être aux côtés des comédiens, voir la grande Isabelle Adjani reprendre son souffle entre deux scènes, voilà qui avait de quoi séduire. En quelques coups de téléphone, l'affaire est réglée, je suis autorisé à franchir le sas* de l'entrée des artistes. On m'emmène vers les coulisses par une porte située dans la salle, à côté de la scène. Bertrand, le régisseur*, m'accueille avec bienveillance et m'indique le seul endroit où je peux m'installer sans gêner. Il faut dire que les coulisses sont réduites à leur plus simple expression, la mise en scène d'Alfredo Arias demandant l'occupation maximale de la scène. Mais je n'ai pas le temps de prendre possession du siège qui doit me servir de base d'observation. L'équipe vient de se rendre compte, avec effroi, que si je reste là Adjani va m'apercevoir, et, comme elle ne connaît pas mon visage, cela risque de lui causer un choc. Il est trop tard pour la prévenir de ma présence, on me promet de lui poser la question le lendemain matin. Éconduit comme un vulgaire chasseur d'autographes, je rentre chez moi bien décidé à oublier « La dame aux camélias » en écoutant... « La Traviata ».

Le lendemain, un samedi, on m'annonce que Mlle Adjani ne voit aucun inconvénient à ce que je revienne tapi dans l'ombre, côté jardin. À vingt heures, comme la veille, me voici de nouveau dans les arrières du théâtre Marigny. Plus à l'aise, je commence à être un familier des lieux. Certains techniciens me saluent. Je suis dans le saint des saints, à un mètre de la table d'accessoires d'Isabelle Adjani: étendus comme deux lévriers russes, une paire de gants de soirée attendent Marguerite Gautier, gardés par quatre bouteilles d'eau hiératiques* comme des soldats. Des mouchoirs en papier, une brosse à cheveux, un bol, un collier de perles et des boucles d'oreille, voilà pour le reste. La rumeur des spectateurs qui, peu à peu, commencent à remplir la salle me parvient retransmise par un haut-parleur. Il ne reste plus que quinze minutes avant le lever de rideau. Per Tofte – le duc de Bassamo – est le premier comédien à apparaître. Vêtu d'une redingote, il semble descendre de son fiacre*. Silencieux comme un fantôme, il longe les sombres rideaux de scène. Il m'aperçoit et me salue avec la noblesse due à son personnage. Puis, rapide comme une apparition, Aurore Clément – Prudence Duvernoy – passe en coup de vent et disparaît de l'autre côté de la scène, suivie par une autre comédienne que je ne parviens pas à identifier. Peut-être est-ce Marylin Even – Nanine. Couchée de tout son long sur la scène, les yeux au ciel, elle cherche à faire le vide dans sa tête grâce à une variante théâtrale du yoga. Je sursaute en entendant un féroce: « Ce soir, on va les bouffer! » Je me retourne. Tel un boxeur se motivant avant de bondir sur le ring, Nicolas Struve – Gustave Vernon – scande cette phrase comme un mantra. C'est au tour de Yannis Baraban – Armand Duval – de faire son entrée en coulisses. Déshydraté par le trac, le jeune premier vide la moitié d'une petite bouteille d'eau avant de s'enfoncer dans les arrières de la scène. Cette fois-ci, c'est elle: Isabelle Adjani passe devant moi dans sa longue robe sombre. Sa peau claire capte le halo de lumière. Son visage resplendit telle une oasis de soleil dans cette pénombre comme s'il brillait déjà des feux de la rampe. Je lui dis bonsoir, elle me répond d'un hochement de tête étonné, puis comme ses petits camarades, s'efface dans la nuit des coulisses. « Plus que cinq minutes », annonce le régisseur, en précisant que cette représentation est « la plus importante de la semaine ». Les toussotements provenant de la salle rendent la pression plus palpable. Il est temps que la pièce démarre. Spectateurs, acteurs, techniciens, pompier et… journaliste de service sont prêts. Plus que deux minutes. J'ai ouvert mon carnet, sorti mon stylo. Je tiens un bon papier. Quand, coup de théâtre, c'est le cas de le dire, René de Ceccatty vient me rejoindre, l'air défait. « Isabelle a donné son accord, mais personne n'a songé à prévenir le reste de la troupe. Certains comédiens refusent que vous soyez là. Désolé… »

(*Paris Match*, février 2001, p. 51)

Vocabulaire express

le sas door

le régisseur stage manager

hiératiques holy (ironic)

le fiacre horse-drawn carriage for hire

En passant

Côté jardin, côté cour: expressions employées au théâtre pour designer respectivement le côté gauche et le côté droit de la scène. Les expressions viennent du XVIIe siècle lorsque les représentations à la cour du roi se faisaient dans un théâtre du Palais Royal.

Matière à penser

- Quelles sont les plus grandes difficultés à surmonter, croyez-vous, pour une vedette de cinéma qui veut devenir vedette de théâtre?

12 Jacques Faizant – Au Lapin d'Austerlitz – Lettre de sa femme

Ce texte a été sélectionné pour son ton humoristique et la parodie de la description d'un café littéraire à Paris. Une femme, Ève, écrit à son mari qui fréquente un café-restaurant. Le Lapin d'Austerlitz évoque le célèbre Café Flore à Paris où dans les années cinquante du XXe siècle Jean-Paul Sartre et Simone de Beauvoir, entre autres, écrivaient leurs œuvres.

St-Appholin, mardi le…

Mon chéri,

Je réponds à toutes tes dernières lettres à la fois. Merci de m'écrire si souvent.

Les enfants vont bien, sauf un peu le foie. Tu sais comment sont les gens ici: « Mangez donc! C'est tout à la crème fraîche, ça ne peut pas vous faire de mal! » et puis… paf!

Rue en pente ou pas, j'aimerais autant que la cloison soit droite. Qu'en dit l'architecte? Vous n'avez rien compris ni les uns ni les autres. Je ne veux pas de becs de cane, ni dorés ni chromés! Je veux des boutons de porte en cuivre gravé, style Empire!

Tu as raison de travailler au Lapin, mais est-ce que tu travailles vraiment beaucoup? Qu'est-ce que c'est que ces histoires de camelot qui cherche un million? Tu ne vas pas le lui prêter, j'espère! Pense à tout ce qu'on va avoir à payer.

Mais non, tu as bien plus de ventre que Barbier. Tu bois trop de bière. Moi, je continue ponctuellement la culture physique quotidienne, sauf hier, parce qu'avant-hier on s'était couché trop tard. Je n'en ai pas fait non plus ce matin parce qu'il faisait vraiment trop froid. Maintenant, la semaine est fichue. J'attendrai lundi pour tout reprendre, parce qu'il faut faire cela avec régularité ou pas du tout.

Je regrette que tu aies abandonné ton idée sur Charles VII. Pour une fois que tu avais entrepris un sujet sérieux! Fais attention! Tu sais ce que t'a dit ton éditeur: tu as tendance à raconter dans tes livres des petites histoires personnelles qui n'intéressent personne. Tu parles d'un tas de choses à côté du sujet et qui font perdre le fil aux lecteurs. Attention!

Ne mange pas trop souvent au restaurant. J'espère que le gaz remarche. Parfois, il faut taper sur le robinet qui est au mur avec le pilon à purée, et le gaz vient. J'ai oublié de te le dire.

J'ai peur, pour ton travail, que tu ne sois trop distrait dans ce café. Ce barbu dont tu me parles et qui vient depuis trois jours tous les soirs, cette passion du garçon pour sa cliente et cette passion de la patronne pour son garçon! Ce n'est pas avec des histoires comme ça que tu vas écrire des romans, tout de même?

Tante Héloïse va bien. Aujourd'hui elle est restée couchée, un peu fatiguée. Patrice, qui était grimpé dans un pommier, lui est tombé dessus. Tu vois d'ici l'affaire! Tu sais comme elle dramatise tout.

Est-ce qu'il y a du gris crevette dans les papiers peints? J'espère que le plombier est venu.

Ici, ça va. On se promène. J'ai fait la connaissance d'un couple de vieilles gens de Châteaudun qui sont très gentils. Ils s'appellent Plottin. Ils ont eu des malheurs avec leur fille. Enfin, je te raconterai tout cela.

Je te laisse, la tante m'appelle. Il paraît maintenant qu'elle a mal au dos. Elle a toujours quelque chose!

Je t'envoie plein de grosses bises et les enfants t'embrassent.

Ève

(Faizant, J. (1962) *Au Lapin d'Austerlitz*, Paris, Calman-Lévy, pp. 38–40)

En passant

L'auteur du roman, Jacques Faizant (né en 1918) est mieux connu comme dessinateur humoristique du journal *Le Figaro*.

Matière à penser

- Pensez-vous que les Français et les Anglais ont le même sens de l'humour? Quels livres, pièces de théâtre ou films pouvez-vous citer pour illustrer votre point de vue?

13 Bilan de la terre

Ce texte a été choisi pour sa structure en forme de liste au début. Après une présentation apparemment neutre des faits objectifs, les deux dernières lignes provoquent une réponse. Le ton change de l'objectivité à un engagement personnel – « Moi, je fais de mon mieux » – et, par implication, que font les grandes entreprises?

> Des régions sinistrées
> La désertification
> La déforestation
> Les caps polaires qui fondent
> Les émissions nocives
> L'eau contaminée
> Les effets de serre
> La couche d'ozone trouée
> Les déchets industriels
> Les marées noires
> La pollution nucléaire
> Le réchauffement global
> Les inondations
> Le brouillard artificiel
> Les surfaces imperméabilisées
> L'urbanisation tentaculaire
> La pollution atmosphérique
> Une consommation en essor dont l'usage des objets est plus bref
> Tous les fléaux de la terre…
> Et moi dans tout ça?
> Moi? … je trie mes déchets…

(Christie Price, 2000)

Matière à penser

- Pensez-vous que l'effort du citoyen moyen triant ses déchets personnels pourra apporter une contribution suffisante à l'assainissement de notre environnement en danger? Comment le problème doit-il être résolu? Et par qui?

14 Entrevue: Consommer moins et mieux

Ce texte nous présente un argument parlé mais très soigné. La phraséologie est complexe, avec des propositions subordonnées, un vocabulaire riche et savant, et un registre formel.

Sciences et Vie, Hors Série (SVHS)

Comment voyez-vous évoluer le poids du facteur climatique et environnemental dans la consommation de l'énergie?

Jean-Marie Chevalier

C'est, à mon avis, un des points les plus importants et il est très probable qu'une prise de conscience des problèmes d'environnement agira sur la façon dont évoluera la consommation d'énergie. En effet, sans que cette prise de conscience repose forcément sur un consensus scientifique, on voit se développer dans les pays industrialisés une sorte de méfiance à l'égard de la surconsommation d'énergie, et également, dans nos villes, à l'égard de la circulation automobile. Ce problème d'environnement se pose en fait à deux niveaux. D'une part, à un niveau global et planétaire: là, il revient au même de supprimer une tonne de CO_2 à Paris ou au Sahara. D'autre part, à un niveau local où les citadins sont de plus en plus nombreux à ne pas supporter la pollution de l'air qu'ils respirent. Cette attitude, si elle se généralise, encouragera à coup sûr des expériences de développement d'énergies renouvelables et constituera un frein à la progression de la circulation automobile. De façon générale, elle devrait conduire les responsables à prendre en compte dans la taxation de l'énergie des coûts sociaux jusque-là non-considérés, ce qui constituerait un raisonnement tout à fait nouveau.

(Entrevue avec Jean-Marie Chevalier, Professeur à Paris Dauphine et expert en géopolitique de l'énergie. Entrevue par Sciences et Vie, Hors Série)

Matière à penser

- Seriez-vous prêt(e) à vous éclairer à la bougie, à ne plus circuler en automobile et à manger moins pour sauver la planète?

15 Entrevue avec Georges M.

Entrevue avec Georges M., habitant depuis 1945 une petite ville dont l'activité principale et traditionnelle est le travail des métaux. Ce texte est la transcription d'une entrevue durant laquelle Georges M. change de registre. Tout d'abord, il vouvoie son interlocuteur. Ensuite, emporté par ses sentiments, il passe au tutoiement.

Georges M.

C'est pas évident, vous savez. Ça fait des années que je suis ici et on a toujours travaillé le métal. Mais alors maintenant, alors, là, c'est plus la même… Là où je suis, j'y habite depuis longtemps, j'ai jamais vu comme ça, hein?

Je cultive ici depuis toujours mes, euh, mes salades, mes haricots, des petits-pois, ici, sur la parcelle. Des choux, ça se conserve bien pour l'hiver; aussi les tomates – ma femme, elle en fait des sauces, et les met dans le congélateur […] Mais voyez, là, là-bas [*il fait un geste pour indiquer sa parcelle de terrain*] c'est tout jaune. Ça pousse tout jaune. Ça pousse pas bien. Et ça depuis des années, maintenant. Et tu sais pourquoi? C'est sale, la terre. Tu peux la voir, non? Même la sentir. Même l'air est pourri.

Toute cette saleté qui descend de là-haut, là où y a les tuyaux. [*Près de son jardin, il y a un atelier artisanal qui produit des « Pins », ces petits badges à la mode. Le bâtiment a l'air mal entretenu. Par terre on peut voir un espace gris, presque laqué d'une couche apparemment solide, évidemment le dépôt desséché d'un liquide avec une forte concentration de matières solides.*] C'est du plomb ça, et de l'étain. Quand ils lavent les produits, tout ça, c'est ce qui reste. Avant, on recyclait, on récupérait les produits; maintenant, c'est plus difficile à vendre, y a eu du chômage, alors eux, ils s'en fichent*. Ils laissent ça couler par terre. Les gens, maintenant, ça leur est égal – c'est pas important, c'est trop de travail. Ça vaut pas le coup.

Et en plus ils ont installé un générateur qui est en marche toute la journée, je ressens la terre qui vibre, et ça nous gêne, ce bruit.

Ce que j'ai fait? Bé [Bien] alors, j'ai rouspété*. Lui, le contremaître, il s'en fiche. C'est pas son affaire. […] Bien sûr, j'ai écrit à la mairie. Je vais te montrer ma réponse – tu sais, ça vaut pas la peine; le patron de l'atelier, tu comprends, il est conseiller, lui. Conseiller municipal.

Alors, ils ne feront rien. Qu'est-ce que je peux faire, moi? C'est dingue.

Bé, voilà alors ce qu'on m'a envoyé. [*Il me présente la suivante.*] J'ai rien entendu depuis. Ça fait six mois déjà. Ils feront rien, là, à la mairie, rien.

(Propos recueillis par Christie Price)

Vocabulaire express

ils s'en fichent they don't care

j'ai rouspété I complained

Matière à penser

- Est-ce que les emplois des ouvriers travaillant dans cette usine doivent être sacrifiés pour que Georges M. puisse faire pousser ses laitues?

16 Réponse de la Mairie

La sélection de ce texte dépend non seulement du contexte – c'est la réponse aux plaintes de M. Georges M. – mais du contraste entre le ton de ce dernier et celui du maire.

Mairie de [.........] le 6 juillet, 2000

Monsieur,

J'ai l'honneur d'accuser réception de votre courrier du 13 juin, 2000.

Je tiens à vous assurer de ma plus immédiate attention concernant vos

observations. Je ne manquerai pas de tenir compte de votre inquiétude.

Je vous prie d'agréer, Monsieur, l'assurance de ma considération distinguée.

P. Beaulieu

Maire de [.........]

Matière à penser

* Faites-vous confiance à vos élus locaux en cas de sinistres, comme les inondations, par exemple, ou lors de l'implantation d'usines chimiques présentant des dangers réels à la population locale?

17 E-mail du journaliste à propos de l'entretien avec Georges M.

Ici, le message est bref; le message compte plus que le style.

De: H. Pigiste@libertysurf.com

à: lesnouvelles@wanadoo.com

c.c:

Objet: Pollution

Envoyé le: 14/10/00: 14:20

Salut. Rien de nouveau ici – l'atelier continue à verser ses eaux usées partout – rien de concret à la mairie – GM vexé mais résigné. Ci-joint, ses paroles.

À bientôt,

H.

Matière à penser

* Est-ce que les nouvelles formes de communication comme l'e-mail font circuler l'information mieux ou plus mal qu'avant?

18 Souvenirs d'un survivant

Ici, au début, le ton est nostalgique; souvenirs de jeunesse peut-être, les neiges d'antan* où tout est pour le mieux dans le meilleur des mondes. Et puis on est confronté par un mot grossier qui s'impose pour nous choquer. Le vrai monde est brut et pollué. Et nous en sommes responsables. Le changement de registre est voulu.

Autrefois,
Quand l'herbe poussait verte,
Et les arbres portaient feuilles,
On buvait l'eau et le ciel était clair.
Autrefois.
Quand la pluie était douce,
Et les nuages étaient blancs,
On respirait l'air d'une atmosphère pure.
Autrefois.
Quand le soleil était bon,
Et le vent soufflait, comme
Toujours auparavant,
Sans ouragan, sans tourment.
Ah! là, c'était bon! Être jeune!
Être con.
Car c'est nous
Responsables de tout ça,
Perdu.
Souvenez-vous d'autrefois?

(Christie Price, 2000)

*Vocabulaire express

antan yesteryear (literary)

Matière à penser

- Connaissez-vous des poèmes dans lesquels l'auteur emploie des mots grossiers pour produire un effet sur ses lecteurs?

19 Le protocole de Kyoto entre les mains des pollueurs

Durant ses premiers mois à la tête de son pays, le Président George Bush a rejeté les accords de Kyoto (en décembre 1997) qui cherchaient à limiter les émissions nocives produites par les pays industrialisés. Ce refus a provoqué une réaction passionnée. Ce texte a été choisi parce qu'il représente une tendance gauchiste dans le journalisme français, qui se manifeste par l'emploi de mots et d'expressions argotiques.

Si l'on en croit les résultats de la rencontre entre les représentants des pays engagés dans le protocole de Kyoto [...] le temps n'est pas le même pour tout le monde. L'Union européenne est convaincue de l'urgence de lutter contre le réchauffement climatique, tandis que l'Australie et le Canada s'abritent sous le pébroque* des États-Unis, qui pensent qu'il fera beau demain. [...] Washington a promis [...] de 'nouvelles propositions'. C'est ennuyeux. Car si ce sont les États-Unis qui mènent la bataille contre la pollution, avec un fin stratège comme George Bush Jr., on peut déjà prendre rendez-vous pour la fin du monde. [...]

L'*American way of life* n'est qu'un lent suicide de l'espèce humaine.

D'autant que les États-Unis ne sont pas seuls en cause. Les pays industrialisés représentent moins de 25% de la population terrestre, mais ils consomment les trois quarts de l'énergie. [...]

Pour l'instant, c'est de saison – ou plutôt de circonstance – on pense surtout au climat. Il est vrai que les conséquences du réchauffement climatique sur la planète ont de quoi préoccuper les esprits. Les scientifiques les plus pessimistes – en matière de risques écologiques, les pessimistes sont souvent dans le vrai – prévoient une élévation du niveau des mers allant jusqu'à un mètre. Ce qui veut dire qu'un bon paquet de pays* vont ressembler à la Somme, et de façon permanente. [...] Quant aux autres, tout ce qu'elles peuvent espérer, c'est échapper à la sécheresse. Et à la guerre.

La pénurie d'eau, outre les maladies amusantes qu'elle entraîne – choléra, typhoïde, paludisme –, est, déjà aujourd'hui, la source de nombreux conflits de préférence dans des coins où l'on n'est peu déjà enclin au pacifisme. [...] Dans toutes ces régions, d'ici à quarante ans, la température va grimper de 3 à 5 degrés. Leur soif ne va pas se calmer. Bien sûr, l'Américain moyen se dit que tout ça, ce sont des histoires de sauvages.

Devant l'imminence du désastre, on s'attendrait à ce que tout le monde fasse[1] bloc pour s'attaquer au problème. Rien du tout. Au nom de l'économie américaine et de ses potes* pétroliers, Bush a décidé de venger Pearl Harbour et de rayer Kyoto de la carte. Le Canada et l'Australie ont sauté sur l'occasion pour dire qu'il leur était impossible également pour raison de compétitivité industrielle, de ratifier le protocole sans les États-Unis. Et on peut parier qu'en Europe les grands chevaliers d'industrie vont eux aussi hurler à la pénalisation commerciale. Les forces vives des nations industrialisées ne vont pas s'arrêter à de banales questions de vie ou de mort.

(*Charlie Hebdo*, No. 462, mercredi, 25 avril)

*Vocabulaire express

le pébroque 'brolly'
un bon paquet de pays a large number of countries
potes 'mates'

[1] present subjunctive of *faire*

Matière à penser

- Est-ce qu'il est légitime qu'un président ou un premier ministre prenne des décisions sur des questions qui ne se posaient pas avant son élection? Ne devrait-on pas consulter l'électorat plus souvent lorsqu'une nouvelle question se pose?

20 Que ça...

Ici le ton est polémique: l'auteur veut présenter son opinion. Le vocabulaire est chargé de connotations négatives: condamné; vendu; trahi; dur; faux; prétendre; cracher.

Kyoto condamné;
Vendu pour un vote,
Trahi pour le prix de l'essence.
(Durs à avaler, les vœux faciles
Les fausses promesses, de ceux
Qui prétendent une solution,
Et crachent la pollution.
Lourdes à tolérer
Ces paroles d'un pays
Qui par gaz nocifs, déchets non-traités
Gâche la vie d'autrui.)
'Une petite signature
Juste ici,
Monsieur Le Président.'
Il ne fallait que ça…
Une signature…
Si proche, on était. Menacé, on reste.
Monsieur le Président. Aveuglé.
Qui ôte tôt son accord aux accords,
Annonce tout haut la mort dans l'âme…
Et les obsèques de la terre.

(Christie Price, 2000)

Matière à penser

- Les hommes d'État sont-ils les plus habilités à prendre des décisions concernant notre environnement en danger? Sinon, qui peut le faire, et comment?

21 Une presse sélective

Le recueil de textes qui suit montre d'une manière un peu simpliste comment les journaux traitent l'information. À partir d'un reportage réel d'environ 990 mots, nous avons produit des articles provenant de quotidiens fictifs. Ces articles de presse montrent l'information que ces journaux fictifs ont filtrée pour leurs lecteurs. Ce recueil a pour but d'illustrer le principe selon lequel tout texte est conçu pour un lectorat particulier.

La voix régionale

Un professeur de l'université Alphonse Allais[1] participe à la rédaction d'un rapport alarmiste sur l'environnement. M. Étienne Marescault, professeur de climatologie à la faculté des sciences de notre université, et beau-frère de notre sympathique dépositaire* de la rue des Espoirs, a participé, en 1999, à la rédaction d'une étude de la Croix Rouge. Cet article constate qu'il y aura bientôt une hausse de la fréquence et de la gravité des catastrophes naturelles dans le monde. Le rapport de la Croix Rouge confirme les prédictions les plus pessimistes de M. Marescault qui les présentera à l'hôtel de ville jeudi prochain, dans le cadre des journées écologistes organisées par la municipalité.

Nouveau combat

Globalisons nos ressources pour les redistribuer. La Croix Rouge a produit un rapport qui montre que 10 millions de gens sont exposés aux inondations dans les zones côtières, que la désertification menace le Sahel tandis que le déboisement pèse lourd sur les forêts tropicales du monde, qu'en Russie, un habitant sur trois vit avec moins d'un dollar par jour et que plus d'un million d'enfants sont sans foyer.

En l'an 2025, près de 80% de la population vivra dans les pays en développement, et, finalement, en l'an 2100, 60% de la population mondiale vivra dans les régions où sévira la malaria. Et tout cela, parce que, dans les pays industrialisés, la consommation par habitant augmente de manière régulière depuis 25 ans. Et cette croissance de la consommation soumet l'environnement à rude épreuve.

L'on sait que 20% de la population mondiale vivant dans les pays les plus riches est notamment responsable de 53% des émissions de dioxyde de carbone et que la consommation faite par les pays riches est supportée par les pauvres du globe.

Les Nations Unies s'inquiètent de ce que « la chute spectaculaire des budgets consacrés à l'aide, le recul des gouvernements et les dynamiques divergentes de l'endettement et de la mondialisation laissent les pauvres sur le bord de la route et que cette combinaison fatale de mutations de l'environnement, d'injustices économiques et d'inaction politique va maintenant dominer la scène humanitaire. »

À long terme, si elle n'empêchera pas les cataclysmes de se déclencher, une redistribution des ressources à l'échelle planétaire s'avère impérative pour en minimiser les effets.

Les dernières nouvelles

La fin du monde serait-t-elle proche? Une étude de la Croix Rouge en 1999 déclare qu'il y aura bientôt une hausse de la fréquence et de la gravité des catastrophes naturelles dans le monde. Nos lecteurs ne seront pas surpris par ce rapport car, la semaine dernière, nous avons consacré une grande rubrique aux prédictions de Nostradamus qui nous assure que la fin du monde aura lieu avant la fin de l'année 2000. En attendant, l'étude de la Croix Rouge confirme que nous avons la chance de vivre dans un pays riche et que nous sommes à l'abri des inondations qui ravagent les pays du tiers-monde. Néanmoins, à l'avenir, il faudra faire en sorte que les championnats de football se déroulent en Europe, afin d'éviter des perturbations possibles causées par les cataclysmes prévus sur les autres continents.

L' Information

La Croix Rouge vient de publier son étude intitulée *World Disasters Report 1999*.

L'étude déclare que le réchauffement du globe, la dégradation de l'environnement et la croissance de la population risquent de mener à une hausse de la fréquence et de la gravité des catastrophes naturelles

[1] The fictitious University situated in the town where the fictitious paper is edited.

dans le monde. L'année 1998 a été en effet une année record à cet égard comme l'a d'ailleurs aussi constaté le réassureur suisse Swiss Re dans sa recension annuelle des catastrophes mondiales: *Natural catastrophes and man-made disasters 1998: Storms, hail and ice cause billion-dollar losses.* Bilan: 44 700 morts, des milliers de blessés et de sans-abris, plus de 65 milliards de dollars en pertes dont 17 milliards seulement ont été assurés.

Le rapport de la Croix Rouge note que:

* plus de la moitié des réfugiés le sont à cause de catastrophes naturelles;
* 10 millions de gens sont exposés aux inondations dans les zones côtières; les inondations par ailleurs ont créé près de 3 millions de sans-abris;
* en Russie, un habitant sur trois vit avec moins d'un dollar par jour et plus d'un million d'enfants sont sans foyer. L'espérance de vie des hommes est de 58 ans.
* en l'an 2025, près de 80% de la population vivra dans les pays en développement;
* en l'an 2100, 60% de la population mondiale vivra dans des régions où sévira la malaria, ce qui engendrera une augmentation importante du nombre de cas soit entre 50 et 80 millions de nouveaux cas.

La dégradation de l'environnement est étroitement liée à nos modes de vie notamment dans les pays riches. Selon le Rapport 1998 sur le développement humain publié par le Programme des Nations Unies pour le développement, les dépenses de consommation publiques et privées atteindront 24 000 milliards de dollars en 1998, soit deux fois plus qu'en 1975 et six fois plus qu'en 1950.

Dans les pays industrialisés, la consommation par habitant augmente de manière régulière (à un rythme d'environ 2,3% par an) depuis 25 ans. Elle est aussi spectaculaire en Asie tandis que la consommation d'un ménage africain est en recul de 20% par rapport à il y a 25 ans. Les 20% de la population mondiale vivant dans les pays les plus riches sont notamment responsables de 53% des émissions de dioxyde de carbone.

Dans son dernier rapport (1999), publié en juillet, la Croix Rouge constate à nouveau l'écart grandissant entre pays pauvres et pays riches. « La fortune des trois hommes les plus riches du monde dépasse le produit national brut cumulé des 35 pays les moins avancés et de leurs 600 millions d'habitants. » À l'échelle des États, le cinquième de la population vivant dans les pays les plus riches représente 86% du PIB mondial, 82% des marchés d'exploitation, 68% des investissements directs à l'étranger et 74% de l'ensemble des lignes téléphoniques. Le cinquième le plus pauvre ne possède qu'environ 1% de ces ressources.

(PNUD, *Le Devoir*, 13 juillet, 1999)

*Vocabulaire express

le dépositaire local agent, dealer

En passant

Le Sahel est la zone qui borde le Sahara vers le sud.

Matière à penser

* Pouvez-vous faire un rapprochement entre les journaux fictifs représentés ci-dessus par des pastiches d'articles et de vrais quotidiens de votre pays?

22 Robespierre vu par Mme de Staël

Mme de Staël (1766–1817), fille de Necker, intellectuelle et romancière, a été l'une des femmes les plus influentes de l'Europe à l'époque napoléonienne. Elle a présidé un brillant salon littéraire à Paris aux alentours de 1800, mais a été bannie de la capitale par ordre de Napoléon, au règne duquel elle s'opposait.

Aucun nom ne restera de cette époque, excepté Robespierre. Il n'était cependant ni plus habile ni plus éloquent que les autres: mais son fanatisme politique avait un caractère de calme et d'austérité qui le faisait redouter de tous ses collègues. J'ai causé une fois avec lui chez mon père, en 1789, lorsqu'on ne le connaissait que comme un avocat de l'Artois, très exagéré dans ses principes démocratiques. Ses traits étaient ignobles, son teint pâle, ses veines d'une couleur verte; il soutenait les thèses les plus absurdes avec un sang-froid qui avait l'air de la conviction; et je croirais assez que, dans les commencements de la révolution, il avait adopté de bonne foi, sur l'égalité des fortunes aussi bien que sur celle des rangs, de certaines idées attrapées dans ses lectures, et dont son caractère envieux et méchant s'armait avec plaisir. Mais il devint[1] ambitieux lorsqu'il eut[2] triomphé de son rival en démagogie, Danton [...]. Robespierre [voulait] seulement du pouvoir; il envoyait à l'échafaud les uns comme contre-révolutionnaires, les autres comme ultra-révolutionnaires. Il y avait quelque chose de mystérieux dans sa façon d'être, qui faisait planer une terreur inconnue au milieu de la terreur ostensible que le gouvernement proclamait. Jamais il n'adopta[3] les moyens de popularité généralement reçus alors: il n'était point mal vêtu; au contraire, il portait seul de la poudre sur ses cheveux, ses habits étaient soignés, et sa contenance n'avait rien de familier. Le désir de dominer le portait sans doute à se distinguer des autres, dans le moment même où l'on voulait en tout l'égalité.

(Staël, G. (1862) *Considérations sur les principaux événements de la révolution française*, [www.gallica.bnf.fr]) [dernier accès le 16 avril, 2002]

Matière à penser

- Les caractéristiques et traits personnels qu'avait Robespierre, sont-ils ceux que devrait avoir tout homme ou femme politique qui veut réussir?

23 Le président qui s'est fait empereur

Louis Napoléon Bonaparte (1808–1873) passe sa jeunesse hors de France, où, depuis 1815, la monarchie des Bourbons a été restaurée. En 1850, Louis Napoléon remporte la victoire aux élections présidentielles (Hugo a soutenu sa candidature). Mais, le 2 décembre 1851, le nouveau président monte un coup d'état et, l'année suivante, se fait proclamer Empereur Napoléon III. Une vague de répression s'ensuit. Hugo s'exile en Belgique, puis aux Îles Anglo-Normandes. Ce texte, publié en Angleterre, date de 1852.

Louis Bonaparte est un homme de moyenne taille, froid, pâle, lent, qui a l'air de n'être pas tout à fait réveillé. Il a publié, nous l'avons rappelé déjà, un Traité assez estimé sur l'artillerie, et connaît à fond la manœuvre de canon. Il monte bien à cheval. Sa parole traîne avec un léger accent allemand. [...] Il a la moustache épaisse et couvrant le sourire comme le duc d'Albe, et l'œil éteint comme Charles IX.

Si on le juge en dehors de ce qu'il appelle « ses actes nécessaires » ou « ses grands actes », c'est

---

[1] past historic of *devenir*
[2] past historic of *avoir*
[3] past historic of *adopter*

un personnage vulgaire, puéril, théâtral et vain. Les personnes invitées chez lui, l'été, à Saint-Cloud, reçoivent, en même temps que l'invitation, l'ordre d'apporter une toilette du matin et une toilette du soir. Il aime la gloriole, le pompon, l'aigrette, la broderie, les paillettes et les passequilles*, les grands mots, les grands titres, ce qui sonne, ce qui brille, toutes les verroteries du pouvoir. En sa qualité de parent de la bataille d'Austerlitz, il s'habille en général.

Peu lui importe d'être méprisé, il se contente de la figure du respect.

[...] Il y a maintenant en Europe, au fond de toutes les intelligences, même à l'étranger, une stupeur profonde, et comme le sentiment d'un affront personnel; car le continent européen, qu'il le veuille ou non, est solidaire de la France, et ce qui abaisse la France humilie l'Europe.

Avant le 2 décembre, les chefs de la droite disaient volontiers de Louis Bonaparte: *C'est un idiot.* Ils se trompaient. Certes, ce cerveau est trouble, ce cerveau a des lacunes, mais on peut y déchiffrer par endroit plusieurs pensées de suite et suffisamment enchaînées. C'est un livre où il y a des pages arrachées. Louis Bonaparte a une idée fixe, mais une idée fixe n'est pas l'idiotisme. Il sait ce qu'il veut, et il y va. À travers la justice, à travers la loi, à travers la raison. À travers l'honnêteté, à travers l'humanité, soit, mais il y va.

(Hugo, V. (1863) *Napoléon le Petit*, [www.gallica.bnf.fr]) [dernier accès le 16 avril, 2002]

Vocabulaire express

les passequilles a name for various kinds of decoration on clothes (made of embroidery, pearls, precious stones, etc.)

En passant

Le duc d'Albe (1508–1582): général espagnol rendu célèbre par ses cruautés.

Charles IX (1550–1574): roi de France.

Austerlitz: bataille en Moravie où Napoléon Bonaparte a battu les Autrichiens et les Russes. Ici, Hugo déclare que Napoléon III porte un uniforme de général parce que son oncle a gagné une bataille.

Matière à penser

- Il est clair, par cette description, que Victor Hugo n'aimait pas Napoléon III, mais ce qu'il dit dans le dernier paragraphe de cet extrait est presque un compliment. Qu'en pensez-vous?

24 Georges Clémenceau (1842–1929)

Ce texte et le suivant figurent sur le site internet officiel du premier ministre français, où on trouve un bref article sur chaque premier ministre depuis 1870 (à l'exception de la période de juillet 1940 à octobre 1946).

À partir de 1875, il apparaît à la Chambre des députés comme le chef de la gauche 'radicale' et devient le porte-parole éloquent des intérêts ouvriers et des libertés démocratiques.

Il plaide en faveur de l'amnistie pour les communards et mène de multiples attaques contre les gouvernements modérés des 'opportunistes' (d'où son surnom de 'tombeur de ministères').

Créateur de la Ligue des droits de l'Homme, Georges Clémenceau combat la politique coloniale de Jules Ferry, avant de s'opposer aux ambitions bonapartistes du général Boulanger. Gravement touché par le scandale de Panama, il revient sur la scène politique à la faveur de l'affaire Dreyfus. C'est en effet dans le journal *L'Aurore*, auquel il collabore, que parait la lettre *J'accuse* d'Émile Zola.

Il devient ministre de l'Intérieur et président du Conseil en 1906.

Raymond Poincaré l'appelle de nouveau à la tête du gouvernement après les graves crises de l'été 1917. Il rend visite aux soldats sur le front et galvanise le moral des troupes (on l'appelle dès lors le 'Père la Victoire' ou 'le Tigre').

Pendant la Conférence de Versailles, il joue un rôle actif au sein du Conseil des Quatre mais demeure sceptique à l'égard de la création de la Société des Nations.

Il se retire de la vie politique en 1920, après un échec à l'élection présidentielle.

(http://www.premier-ministre.gouv.fr/fr/p.cfm?ref=5976) [dernier accès le 16 avril, 2002]

En passant

Les communards sont les révolutionnaires qui ont participé à 'la commune' ou révolution de 1871 après le départ des Prussiens qui assiégeaient Paris.

Jules Ferry (1832–1893): homme d'état français.

Général Boulanger (1837–1891): Il tenta un coup d'état en 1886. Il s'enfuit en Belgique et se suicida sur la tombe de sa maîtresse.

Panama: un scandale associé à la spéculation sur les actions du canal.

Raymond Poincaré (1860–1934): homme d'état français, président de la République de 1913 à 1920.

Matière à penser

- Clémenceau, considéré par les Français comme l'artisan de la victoire militaire en 1918, n'a pas été élu président de la République en 1920. Connaissez-vous d'autres exemples d'hommes politiques qui, bien que populaires à un moment de l'histoire d'un pays ou d'une nation, ont finalement été rejetés par leurs compatriotes au cours d'élections?

25 Aristide Briand (1862–1932)

Cofondateur du parti socialiste français (1901) avec Jean Jaurès, il refuse la pression marxiste de l'Internationale, il est élu à la Chambre des députés de 1902 à sa mort.

Vingt-six fois ministre et président du Conseil à onze reprises, Aristide Briand est un des rapporteurs de la loi sur la séparation de l'Église et de l'État, il évolue vers la réconciliation avec l'Allemagne après la guerre.

Pacifiste convaincu, il est à l'origine du traité de renonciation à la guerre signé par 60 nations en 1928 (pacte Briand-Kellog).

Artisan du traité de Locarno (reconnaissance des frontières occidentales avec l'Allemagne) et prix Nobel de la Paix en 1926, il travaille activement au sein de la Société des Nations pour le désarmement.

Désireux d'instaurer la stabilité en Europe, il rédige même en 1930 un mémorandum sur la création d'une Union européenne, et fait figure de précurseur de l'idée européenne.

(http://www.premier-ministre.gouv.fr/fr/p.cfm?ref=5958) [dernier accès le 16 avril, 2002]

Matière à penser

- Comment réagiriez-vous en tant que lecteur et aussi en tant que membre du public si les portraits 'officiels' brossés dans ces deux textes parlaient des couleurs préférées, des plats favoris, et des signes astrologiques de ces personnages historiques?

26 « Ma grande révélation a été la captivité... »

Ce texte est extrait d'une biographie de François Mitterrand, président de la République française de 1981 à 1995.

Il se retrouvera finalement, après avoir échappé à un camp de sous-officiers réfractaires, [...] au commando 1515 à Bad-Schaala où sont rassemblés quelque cent cinquante intellectuels, dont la majorité est formée d'instituteurs et de prêtres. [...]

Dans ce commando, il retrouve les barrières, les gardiens, le froid et la faim mais aussi une vie communautaire rythmée par les départs au travail et les retours. C'est un nouveau problème: il n'accepte pas le travail des prisonniers: « Pour lui, c'est le symbole de l'esclavage, alors il se planque, tire au cul*, montre le maximum de mauvaise volonté... », rappelle Bernard Finifter [un compagnon de captivité].

Malgré lui et avec beaucoup de réticences, il lui faut encore se plier à la règle du chapardage*: « Pour vivre, il faut trouver des appoints, lui expliquent les curés; nous-mêmes nous faisons de notre mieux pour aider la communauté. » Il s'habituera ainsi à ramener, chaque fois que l'occasion s'en présente, une boule de pain à la chambrée*. [...]

On peut l'imaginer sous son accoutrement militaire fort défraîchi et plutôt sale, gardant cet air un peu froid, un peu distant qu'il avait du temps qu'il était étudiant, cette raideur qui lui permet de masquer sa sensibilité et une certaine timidité. [...]

Il semble lointain mais il est terriblement présent aussi, comme il sait toujours l'être dans la vie; il vit comme à l'écart mais peu de choses lui échappent et il réagit vite. Il sait trouver le sourire d'encouragement, le geste de réconfort, le mot qui prouve qu'il a compris la peine ou l'inquiétude ou le trouble de chacun et qu'il prend part. Et ce n'était pas une vérité de circonstance*.

Un de ses compagnons de chambrée, l'abbé Delobre, m'expliquera: « On était sensible à sa densité d'attention et de malice*, à son regard lumineux, à la finesse de son ouïe*... comme à la dignité de son attitude, à sa maîtrise de soi. Jamais je ne l'ai vu se jeter comme la plupart d'entre nous sur les maigres portions de mauvaise nourriture qui nous étaient distribuées. La faim pourtant le tenaillait aussi, mais il n'admettait pas qu'elle puisse[1] lui dicter sa conduite. Orgueil? Peut-être; sens aigu de la dignité humaine? Assurément. Il l'exprime d'ailleurs également dans son refus de la confidence et dans sa discrétion. » [...]

[Un soir], l'abbé Delobre arrive transformé en une sorte de monstre joyeux, énorme et difforme. Il a roulé autour de lui une paire de draps récupérés sur l'ennemi et des oranges qui gonflent ses poches et les jambes de son pantalon. « J'ai la technique, dira-t-il, gamin de campagne miséreux et affamé, j'allais déjà chiper des fruits dans les jardins et vergers du château... »

[1] present subjunctive of *pouvoir*

Il s'est dépouillé de son chargement en parlant, mais François Mitterrand perçoit comme une fêlure dans sa voix, il s'approche, se fait attentif: « C'est vrai, poursuit l'abbé, nous étions très pauvres à la maison. La nourriture était chiche, le mobilier réduit au minimum. Comme nous n'avions pas de salon, M. le Curé ne venait jamais nous voir, mais chaque semaine, il allait au château pour un repas et pour un bridge. J'en ai longtemps été humilié, j'ai bien peur de n'avoir pas encore pardonné... »

C'est le contact brutal avec l'injustice de ce monde, mais l'abbé, entraîné au jeu des confidences, poursuit: « Peu après, j'ai connu la ségrégation et où? je vous le donne en mille, au Petit Séminaire. Nous étions quelques-uns dont les parents ne pouvaient pas payer la pension. Nous étions donc les parias, nous mangions à l'écart fort mal, si mal, que, depuis, je crois avoir toujours eu faim... »

Il n'y a pas d'amertume dans le ton, mais l'homme dont l'enfance a été préservée, correctement nourrie, écoute et se trouble, tandis que l'abbé sur la lancée, reprend: « J'ai eu encore au Grand Séminaire cette fois, une première expérience de la captivité, pas celle des murs et de la discipline que nous avions choisie et acceptée, mais celle de l'esprit. Nous étions jeunes, nous avions soif de savoir et on ne laissait entre nos mains que quelques livres d'étude. La bibliothèque du séminaire nous était interdite... »

Injustice sociale et poids de la pauvreté, ségrégation, atteinte à la liberté de l'esprit, ces expressions qui n'étaient pour beaucoup que des formules abstraites, pèsent soudain d'un poids insupportable. C'est donc une réalité, le témoin est là, et François Mitterrand sait que désormais il ne pourra plus être, quoi qu'il fasse, quoi qu'il arrive, le petit jeune homme bien élevé, bien appris qu'il a été, qu'il ne pourra plus penser tout ce qu'on a voulu qu'il pense. Sa situation même de prisonnier, comme tant de propos entendus, le met en garde contre tout ce qui permet à l'homme de jouer contre la liberté de l'homme, de créer les hiérarchies de l'injustice et du mépris, de profiter de la misère des humbles. Même la théorie prend une autre valeur persuasive dans ce milieu et il écoute avec intérêt l'abbé Monier, fils d'un militant communiste de Marseille et qui sera dans l'après-guerre un prêtre ouvrier: « C'est l'injustice qui est le suprême désordre. Dieu a des exigences que nos frères renient trop facilement, rendant ainsi indispensable les grèves et les révoltes. Il faut analyser les contradictions internes des systèmes et ne pas oublier la matière car, comme l'écrivait Karl Marx, il est facile d'être saint lorsqu'on renonce à être humain... »

L'ancien élève des bons pères est un peu étonné que des prêtres, sans rien perdre de leur foi alors, donnent le signal de la contestation. Il les a connus jusqu'ici favorables au conformisme et à la soumission [...].

(Moulin, C. (1981) *Mitterrand intime*)

*Vocabulaire express

il tire au cul he swings the lead

le chapardage stealing, scrounging

la chambrée barracks

ce n'est pas une vérité de circonstance it wasn't just a momentary response

la malice here, mischief

la finesse de son ouïe his keen ear

En passant

L'auteur était un ami de Mitterrand, qu'il a connu au cours de la Seconde Guerre mondiale, dans la Résistance. Il décrit un épisode vécu dans la captivité en Allemagne, aux alentours de 1940–1941. Le futur président tenait alors le rang de sergent. Il avait grandi dans un milieu bourgeois et chrétien, et fait des études chez des religieux catholiques. Ce texte nous apprend beaucoup sur une époque, et sur une situation très particulière qui a affecté des milliers d'hommes, mais son personnage central est bien le jeune François Mitterrand, et le lecteur sent combien l'auteur, et ceux qu'il cite, estimaient ce dernier.

Matière à penser

- Croyez-vous que le rôle de président d'un pays est réservé *a priori* à très peu de gens ou est-il possible que chacun d'entre nous puisse l'assumer?

27 Le premier des nôtres

Cet hommage au général de Gaulle a été publié le jour même de la libération de Paris en août 1944. François Mauriac avait continué d'écrire sous l'occupation nazie, dans « une maison pleine d'Allemands ». Esprit conservateur mais grand opposant des régimes totalitaires, le romancier catholique s'est associé, dans la Résistance, à des hommes de gauche.

À l'heure la plus triste de notre destin, l'espérance française a tenu dans un homme; elle s'est exprimé par la voix de cet homme – de cet homme seul. Combien étaient-ils, les Français qui vinrent alors partager sa solitude, ceux qui avaient compris à leur manière ce que signifie: faire don de sa personne à la France?

Morts ou vivants, ces ouvriers obscurs de la première heure resteront incarnés pour nous dans le chef qui les avait appelés et qu'après avoir tout quitté ils ont suivi, alors que tant d'autres flairaient le vent, cherchaient leur avantage, trahissaient.

C'est vers lui, c'est vers eux que la France débâillonnée jette son premier cri, c'est vers lui, c'est vers eux que, détachée du poteau, elle tend ses pauvres mains.

Elle se souvient: Vichy avait condamné cet homme à mort par contumace*. Le jeune chef français qui, le premier en Europe, avait connu, défini les conditions de la guerre nouvelle, recevait l'anathème d'un vieux maréchal aveugle depuis vingt ans. La presse des valets français, au service du bourreau, le couvrait d'outrages et de moqueries. Mais nous, durant les soirs de ces hivers féroces, nous demeurions l'oreille collée au poste de radio, tandis que les pas de l'officier allemand ébranlaient le plafond au-dessus de nos têtes. Nous écoutions, les poings serrés, nous ne retenions pas nos larmes. Nous courions avertir ceux de la famille qui ne se trouvaient pas à l'écoute: « Le général de Gaulle va parler… Il parle! » Au comble du triomphe nazi, tout ce qui s'accomplit aujourd'hui sous nos yeux était annoncé par cette voix prophétique.

À cause de lui, à cause de ceux qui ont eu part les premiers à sa solitude, nous n'avons pas perdu cœur [...] lorsque, d'année en année, nous l'avons vu défendre la souveraineté de la France humiliée et vaincue, comme nous l'avons aimé pour cette dignité patiente et jamais en défaut! [...] En ce temps-là, sur la France matraquée, les maurrassiens de Vichy, en tremblant de joie, essayaient enfin leur système. Alors ce Français qui, par une prédestination mystérieuse, avait reçu en héritage le nom même de la vieille Gaule, essuya les crachats sur la face de la République outragée. [...]

Ce dépôt que la France, trahie et livrée à ses ennemis, avait confié à de Gaulle, voici qu'il nous le rapporte aujourd'hui – non pas à nous seuls, bourgeois français, mais à tout ce peuple dont chaque parti, chaque classe a fourni son contingent d'otages et de martyrs. Sa mission est de maintenir, dans la France restaurée, une profonde communion à l'image de celle qui, dans les fosses communes, creusées par les bourreaux, confond les corps du communiste et du prêtre assassinés. [...]

Ce soir, je resonge aux vers du vieil Hugo, dont j'ai souvent bercé ma peine, durant ces quatre années:

« O libre France enfin surgie!

... O robe blanche après l'orgie! »

Cette robe blanche, Dieu veuille qu'elle demeure pareille à la tunique sans couture du Christ, qu'elle demeure indéchirable, qu'aucune force au monde ne dresse plus jamais les uns contre les autres ces Français que, dans la Résistance, le général de Gaulle a unis.

(Mauriac, F. « Le premier des nôtres », *Le Figaro*, 25 août, 1944)

*Vocabulaire express

par contumace in absentia

En passant

La guerre nouvelle: Entre les deux guerres, de Gaulle a écrit de nouvelles théories sur les guerres motorisées à venir.

Charles Maurras (1868–1952): écrivain et journaliste d'extrême droite. Condamné à la réclusion perpétuelle en 1945 pour avoir collaboré avec l'ennemi.

Matière à penser

- À votre avis, quel est l'aspect du caractère de De Gaulle qui lui a servi le plus, et qui lui a permis de jouer un rôle si important pour la France?

28 Une métamorphose architecturale

Ce texte, de style journalistique, présente un projet gouvernemental à vocation culturelle. Il s'agit de la transformation, à Paris, de la gare d'Orsay en musée.

De la gare au musée, le parcours fut long, pittoresque et semé d'embûches*. Construite à Paris à la fin du siècle dernier par l'architecte Victor Laloux, la gare d'Orsay avait été inaugurée le 14 juillet 1900 à l'occasion de l'Exposition universelle. Ordonnancée autour de structures métalliques masquées par une façade en pierre de taille, c'était la première gare conçue pour la traction électrique. Mais quarante ans plus tard, ses quais étaient devenus trop courts et progressivement la gare fut abandonnée.

Grand vaisseau déserté, la gare inspira pourtant les créateurs: en 1962 Orson Welles y tourna *Le procès* d'après le roman de Kafka et la compagnie de théâtre Renaud-Barrault y installa son chapiteau, en 1972. Son classement en 1978 comme monument historique la sauva de la démolition. Sans doute ce remarquable témoin d'une architecture de fer révolue avait-il bénéficié du tollé* suscité par la destruction en 1971 des anciennes Halles de Paris.

Pour la direction des musées de France, qui cherchait un nouveau lieu d'accueil pour ses collections d'impressionnistes et post-impressionnistes terriblement à l'étroit au musée du Jeu de paume, Orsay, situé sur les bords de la Seine presque en face du Louvre, était le lieu idéal. En 1977, la décision de consacrer la gare et son hôtel de luxe à l'art de la deuxième moitié du XIXe siècle et du début du XXe fut prise par le président Valéry Giscard d'Estaing, confirmée en 1981 par son successeur, François Mitterrand. Une équipe de trois architectes français, rejoints par l'Italienne Gae Aulenti chargée en 1981 de l'aménagement intérieur du musée et de tout son mobilier, s'attaqua alors à l'énorme gageure* de la transformation de la gare en musée, inauguré en grande pompe le 1er décembre 1986.

Le saisissement fut grand lorsqu'apparut l'immense nef de Laloux dont la longueur – 138 mètres de long pour 32 mètres de haut et 40 mètres de large – dépasse celle de Notre-Dame de Paris. Ce sont ses dimensions exceptionnelles qui ont permis de transformer radicalement la conception du musée, comme l'expliqua Françoise Cachin, première femme à diriger un musée d'une telle importance et qui allait devenir en 1994 directeur des Musées de France. Orsay serait « *une plate-forme internationale des arts du XIXe siècle* », « *un grand musée d'époque plutôt qu'un simple musée d'art. Sans le bâtiment, un dessein d'une telle ampleur n'aurait pas été conçu* ».

Étonnante ampleur, en effet, car si la collection des impressionnistes qui a traversé la Seine demeure la reine du musée, irradiant sous la lumière zénithale au troisième étage, elle n'en représente numériquement qu'une petite partie. Pour constituer puis enrichir les collections d'Orsay, on a puisé dans les réserves du Louvre et de l'ancien musée d'Art moderne, dépoussiéré des œuvres oubliées depuis des décennies – y compris les « pompiers » tant décriés – et bénéficié de nombreuses donations ainsi que d'une active politique d'achats touchant tous les arts du XIXe siècle, en France, en Europe et jusqu'aux États-Unis.

(Canetti, C. *Label France*, Numéro 26, décembre 1996, Ministère des Affaires Étrangères)

Vocabulaire express

les embûches obstacles, pitfalls

le tollé outcry

la gageure challenge

En passant

La même image maritime est employée au sujet de la Maison de la culture de Grenoble qui est surnommée le « cargo ».

Matière à penser

- Connaissez-vous dans votre ville ou dans votre région un bâtiment reconverti en musée? Qu'était-il autrefois et qu'est-il devenu? Pensez-vous que cette transformation a été un succès?

29 Entretien avec Jean Favier

L'historien Jean Favier, spécialiste du Moyen Âge, présente pour *Label France* les grandes innovations de la Bibliothèque nationale de France (BNF), dont il a été nommé président. Il s'agit ici de la transcription d'un entretien avec une personnalité dont l'expression orale se fait dans un registre soutenu.

Label France: Entre l'ancienne et la nouvelle Bibliothèque nationale, y a-t-il eu une révolution?

Jean Favier: La nouveauté et l'originalité de cette bibliothèque résident dans la volonté d'intégrer les différentes formes de mémorisation et de transmission de la pensée existant à l'heure actuelle. On y trouve ce qui relève d'une tradition déjà cinq fois séculaire, le livre ou le périodique, mais aussi l'audiovisuel et l'informatique. Cette dernière sert, en même temps qu'à gérer le budget, le catalogue ou la consultation quotidienne des ouvrages, à produire ces types de mémoire (les CD-ROM notamment) qui, avec le livre et à côté du livre, constituent, aujourd'hui, l'une des formes de la transmission de la connaissance et de la création intellectuelle.

Label France: Cette bibliothèque, impressionnante par son volume, ne souffrira-t-elle pas de gigantisme?

Jean Favier: Avec douze millions de livres imprimés – soit l'essentiel du patrimoine de France – la BNF est la deuxième bibliothèque du monde, avec la British Library, derrière la Bibliothèque du Congrès à Washington, et sensiblement au même niveau que la Deutsche Bibliothek, avec ses trois sites de Berlin, Francfort et Leipzig. En France, 300 000 collections de périodiques étaient dispersées. Est-ce du gigantisme que de vouloir regrouper ce qui est fait pour aller ensemble et d'épargner ainsi au chercheur l'obligation de prendre le train pour faire la moitié de son travail?

Label France: À une époque où bon nombre de livres et de revues ne sont pas destinés à durer, est-il nécessaire de conserver autant de publications?

Jean Favier: Nous sommes là pour cela. C'est la France qui nous confie le soin de conserver tout ce qui est publié, en vertu du dépôt légal. Nous devons aussi être à l'affût de ce qui, à l'étranger, peut être utile à la recherche sur la France. Ces 12 millions de livres, et autant d'autres millions que nous aurons la capacité d'accueillir, correspondent à la bibliothèque d'un grand pays possédant de nombreux centres de recherche et universités ainsi qu'un public qui veut lire. N'oublions pas que la liberté, c'est aussi celle de lire ce qu'on veut, que la littérature à bon marché fait partie de notre civilisation et que nous ne sommes pas chargés de dire ce qui est bon et ce qui est mauvais. Le risque de « mise en vrac » serait grand si nous ne travaillions pas, dans le même temps, à d'excellents catalogues.

D'autre part, nous ne sommes pas seulement une mémoire de la création de haut niveau. J'avais été frappé, en faisant mon service militaire, par le grand nombre de mes camarades qui ne s'exprimaient que par des formules toutes faites, empruntées aux spots publicitaires et aux chansons à la mode. Sans garder ce type de documents, comment pourrait-on comprendre ce qu'a été la vie, la manière de penser et de parler d'une partie de la population à une époque donnée?

Label France: La BNF a-t-elle une vocation « francophone »?

Jean Favier: Non, dans la mesure où elle a pour vocation d'être une bibliothèque encyclopédique et où nous manquerions à notre mission si nous ne mettions pas à la disposition des chercheurs français les publications étrangères. Oui, dans la mesure où la BNF constituera – et constitue déjà – le plus gros gisement de publications francophones du monde.

(Propos recueillis par Jean-Louis Arnaud, *Label France*, Numéro 21, août, 1995, Ministère des Affaires Étrangères)

Matière à penser

- Utilisez-vous souvent votre bibliothèque publique? Quel choix y trouve-t-on et pensez-vous que ce genre de service public est une bonne chose?

30 L'angoisse du gardien de musée face à la techno

Les conservateurs* craignent d'être dépassés par les nouvelles technologies et redoutent la concurrence des réseaux*. Le musée est-il réellement menacé? Ce texte mélange les registres afin de conserver l'attention de ses lecteurs sur un sujet assez ésotérique.

Le musée est-il une espèce en voie de disparition, à archiver d'urgence au rayon vieilles choses dépassées? Le trait est à peine forcé, qui reprend les angoisses des conservateurs face aux nouvelles technologies. Angoisses manifestes lors de la Conférence internationale sur l'hypermédia et l'interactivité dans les musées (Ichim), début septembre au Louvre. Spécialistes du multimédia culturel, conservateurs de musée et universitaires s'y retrouvent chaque année pour présenter leurs plus récentes productions: bornes interactives, sites web des musées, reconstitutions en 3D de sites culturels ou systèmes de guidage audio du public. En guise d'introduction à l'édition 1997 d'Ichim, la douche froide du professeur au Collège de France Jacques Thuillier qui rappelle qu'« *il ne faut pas s'attendre à un mariage paisible de l'informatique et de la culture* ». Question de culture justement.

Car la plupart des spécialistes de l'art ne comprennent rien à l'informatique. Et pas grand chose aux nouvelles technologies. La preuve en est, selon Pierre Coural, responsable du secteur audiovisuel et multimédia au Louvre, le nombre de « *cadavres* » laissés sur la route du progrès technologique: « *Ça fait vingt-cinq ans que ça dure. Sur 290 projets multimédias validés, il ne reste pas un survivant!* » Exemple: avant 1990, les musées investissaient dans le vidéodisque, qui promettait monts et merveilles, mais fonctionnait sur le principe de l'image analogique (télévision). La révolution micro-informatique et, avec elle, la généralisation de l'image numérique ont enterré le produit. Aujourd'hui, c'est au tour du CD-ROM de se retrouver concurrencé par le DVD-ROM (Digital Versatile Disc).

Plus d'une fois échaudés par l'effet d'obsolescence, les conservateurs sont méfiants. Ajoutez à cela la peur d'être dépassés par la technique, voire de passer à côté d'une révolution, et les voilà qui développent un « *sentiment de culpabilité par rapport à l'informatique, ce must* », estime Jacques Thuillier. L'« *hérésie* », selon lui, consiste alors à penser que « *l'œuvre virtuelle serait supérieure à l'œuvre réelle ou que l'image habillée est préférable à l'œuvre nue* ». Manière de conseiller aux gardiens des temples culturels de ne pas trop attendre des nouvelles technologies. Et de mettre en garde le conservateur qui « *introduirait les médias au cœur du musée, le dépossédant ainsi de ses choix* ». C'est cette même défiance que pointe une étude de la Commission européenne, Magnets: « *Les conservateurs voient encore trop souvent dans le multimédia une menace sur leur monopole d'histoire de l'art.* »

Méfiance et jalousie mêlées pour un domaine, le multimédia, qui aurait, bien plus que la culture, les faveurs du grand public. Bernhard Serexhe, du ZKM (le Zentrum fur Kunst und Medientechnologie) à Karlsruhe, regrette ainsi que « *dans une situation où il s'avère de plus en plus difficile de conserver nos monuments historiques, il paraisse d'autant plus facile de créer une imagerie qui remplacera la réalité de ces monuments. Dans cette même situation où archéologues et chercheurs espèrent obtenir un maigre financement pour continuer leurs recherches scrupuleuses, les techniciens du multimédia dessinent sans scrupule une mise en scène qui ne vaut pas plus qu'une coulisse de cinéma à Hollywood.* »

Cette méfiance est-elle fondée? La multiplication des musées en ligne est-elle un frein à la fréquentation des originaux? « *Avec des expositions virtuelles, de l'art numérique original se déversant de nos ordinateurs personnels au simple clic d'une souris, pourquoi le visiteur a-t-il encore besoin de venir dans un vrai musée?* », s'interroge Susan Hazab, de l'Israel Museum à Jérusalem. Pierre Coural a sa réponse: « *Plus on diffuse les images, plus les œuvres sont connues, et plus les musées seront remplis de visiteurs qui viennent « reconnaître » un tableau, avec toute la dramaturgie que cela comporte. »* La preuve avec le web du Louvre: les 400 000 internautes-visiteurs en moyenne par jour (3 millions de hits par mois) n'ont pas empêché une fréquentation toujours en hausse du palais parisien. Au fond, le musée aurait tout à gagner de la diversification des contenus culturels. Il *« peut augmenter son impact hors les murs, redevenir un temple dédié aux originaux »*, selon Magnets.

Mais alors, demande Peter Samis, conservateur du San Francisco Museum of Modern Art, *« est-ce que l'interactivité change la nature du musée? »* Si sa fonction n'est pas remise en cause, la *« réalité des œuvres d'art »*, elle, *« va changer »*, selon Pierre Coural, est en train de changer: les reproductions d'œuvres se sont multipliées, de même que les reconstitutions en 3D d'églises, de sites archéologiques disparus, comme la tombe de Nefertari en Egypte. Les zooms sur des images à haute définition dévoilent des détails invisibles à l'œil nu. Grâce aux rayons X apparaissent en sous-couche des chefs-d'œuvre les dessins préliminaires.

Bref, la réalité des œuvres est changée

et l'accélération des images et de leur circulation nous transformerait, selon Pierre Coural, en *« prisonniers »* du *« mythe de la caverne de Platon »*, regardant *« des ombres passer sur nos écrans d'ordinateur en ayant perdu le goût du savoir »*. Trop d'images tuerait les œuvres. Sans aller aussi loin, Charlie Gere, universitaire londonien, estime que l'ordinateur, *« en tant que moyen de structurer, de distribuer et de penser la connaissance, offre une alternative puissante à celle que constitue le musée »*. Du coup, celui-ci est *« d'ores et déjà en train d'être repensé »*. À preuve, ces musées nouveaux qu'on ne peut concevoir qu'avec des prolongements virtuels, ou des réaménagements dûs à l'introduction de salles multimédias comme sas d'entrée dans l'expo permanente, comme à la National Gallery à Londres ou au Museum of Modern Art de San Francisco.

Le risque existe que ces musées, même *« repensés »*, *« exploitent la technologie numérique sans être capables d'en prévoir les effets »*, ajoute Charlie Gere. Que les conservateurs soient encore une fois, malgré leur bonne volonté, à la traîne de la révolution de l'information.

(Rivoire, A. *Libération*, 26 septembre, 1997)

*Vocabulaire express

les conservateurs museum directors

les réseaux electronic networks

En passant

« Plus d'une fois échaudés par l'effet d'obsolescence ». La phrase fait allusion au proverbe « chat échaudé craint l'eau froide » qui signifie que l'on redoute l'apparence de ce qui nous a déjà nui (du verbe 'nuire').

Matière à penser

- Quel est votre musée préféré?

- Quel genre de sujet ou d'exposition vous intéresse le plus dans un musée?

31 La Tour... prends garde

Ce texte satirique de Guy de Maupassant se moque des monuments construits à l'occasion des expositions universelles, qui furent, dans une certaine mesure, les précurseurs des « Grands projets ». L'auteur traite ici du Palais du Trocadéro ainsi que de la tour Eiffel, construits pour l'Exposition de 1889.

La dernière venue a déposé sur la butte du Trocadéro une espèce de longue chenille monumentale coiffée de deux oreilles démesurées, une affreuse bâtisse qui semble conçue par un patissier prétentieux et rêvant de palais de dessert en biscuits et en sucre candi.

L'intérieur de cette nougatine, ayant la forme d'un tunnel, n'aurait pû servir qu'à un jeu de boules s'il eût été droit. Comme il était courbe, on y a installé un musée. [...]

Mais nous voici menacés d'une horreur bien plus redoutable. Depuis un mois tous les journaux illustrés nous présentent l'image affreuse et fantastique d'une tour de fer de trois cents mètres qui s'élèvera sur Paris comme une corne unique et gigantesque.

Ce monstre poursuit les yeux à la façon d'un cauchemar, hante l'esprit, effraie d'avance les pauvres gens naïfs qui ont conservé le goût de l'architecture artiste, de la ligne et des proportions.

Cette pointe de fer épouvantable n'est curieuse que par sa hauteur. Les femmes colosses ne nous suffisent plus! Après les phénomènes de chair, voici les phénomènes de fer. Cela n'est ni beau, ni gracieux, ni élégant – c'est grand, c'est tout. On dirait l'entreprise diabolique d'un chaudronnier atteint du délire des grandeurs.

Pourquoi cette tour, pourquoi cette corne? Pour étonner? Pour étonner qui? Les imbéciles. On a donc oublié que le mot art signifie quelque chose. Est-ce donc dans une forge à présent qu'on apprend l'architecture? N'y a-t'il plus de marbre dans le flanc des montagnes pour faire des statues ou tenter d'élever des monuments?

Il est vrai que les monuments, depuis un demi-siècle, ne nous réussissent guère non plus et il vaut peut-être mieux montrer aux étrangers cette vilaine folie en leur disant: « Est-ce assez haut? » – ce qu'ils ne pourront nier – que de les conduire devant notre Opéra national – qui a l'air d'un temple de carton peint avalé par un terminus-hôtel en leur disant: « Est-ce assez beau? »

Cet édifice colorié, qui appartient à l'art lyreux par sa décoration et à l'art lyrique par sa destination, est assurément un des plus complets échantillons du mauvais goût monumental du monde entier.

(Maupassant, G. (edn. 1980) « La Tour... prends garde », *Chroniques III*, Paris, Union Générale d'Éditions, pp. 288–92)

En passant

La Tour, prends garde est une chanson enfantine qui se danse.

L'Exposition Universelle de 1889 a accueilli 28 000 000 de visiteurs et 61 722 exposants. L'Exposition couvrait une superficie de 95 hectares.

Matière à penser

- Pensez à un monument ou un bâtiment que vous n'aimez pas du point de vue de son architecture. Pourquoi vous déplaît-il tant? Serait-il possible de le transformer en quelque chose qui vous conviendrait mieux?

32 Loufoquerie

Ce texte est d'Alphonse Allais et nous l'avons choisi parce qu'il convient au thème des nouveaux départs et pour son caractère absurde et comique.

Cet homme me contemplait avec une telle insistance que je commençais à en prendre rage. Pour un peu, je lui aurais envoyé une bonne paire de soufflets* sur la physionomie, sans préjudice pour un coup de pied dans les gencives.

– Quand vous aurez fini de me regarder, espèce d'imbécile? fis-je au comble de l'ire*.

Mais lui se leva, vint à moi, prit mes mains avec toutes les marques de l'allégresse affectueuse.

– Est-ce bien toi qui me parles ainsi? dit-il.

Je ne le reconnaissais pas du tout.

Il se nomma: Edmond Tirouard.

[…]

Tirouard et moi, nous étions dans la même classe au collège. Je ne me rappelle pas bien lequel de nous deux était le plus flemmard*, mais ce qu'on rigolait!

[…]

Comme c'est loin, tout ça!

Et avec Tirouard, nous nous remémorions* tous ces vieux temps disparus.

[…]

– Et maintenant, demandais-je à Tirouard, que fais-tu?

– Je ne fais rien, mon ami, je suis riche.

Et Tirouard voulut bien me conter son existence, une existence auprès de laquelle *l'Odyssée* du vieil Homère ne semblerait qu'un pâle récit de feu de cheminée.

Quelques traits saillants du récit de Tirouard donneront à ma clientèle une idée de l'originalité de mon ami.

Certaines entreprises malheureuses […] déterminèrent Tirouard à s'expatrier.

Son commerce de pacotilles* ne réussit guère mieux.

Jeune encore, d'une nature frivole et brouillonne, il ne regardait pas toujours si les marchandises qu'il importait s'adaptaient bien aux besoins des pays destinataires.

Il lui arriva, par exemple, d'importer des éventails japonais au Spitzberg et des bassinoires* au Congo.

Dégoûté du commerce, il partit au Canada dans le but de faire de la haute banque. De mauvais jours luirent pour lui, et il se vit contraint, afin de gagner sa vie, d'embrasser la profession de scaphandrier*.

Les scaphandriers étaient fortement exploités à cette époque. Tirouard les réunit en syndicat et organisa la grève générale des scaphandriers du Saint-Laurent.

Fait assez curieux dans l'histoire des grèves, ces braves travailleurs ne demandaient ni augmentation de salaire ni diminution de travail.

Tout ce qu'ils exigeaient, c'était le droit absolu de ne pas travailler par les temps de pluie.

Ajoutons qu'ils eurent vite gain de cause.

Tirouard s'occupa dès lors du dressage de toutes sortes de bêtes. Le succès couronna ses efforts.

Tirouard dressa la totalité des animaux de la création, depuis l'éléphant jusqu'au ciron.

Mais ce fut surtout dans le dressage de la sardine à l'huile qu'il dépassa tout ce qu'on avait fait jusqu'à ce jour.

Rien n'était plus intéressant que de voir ces intelligentes petites créatures évoluer, tourner, faire mille grâces dans leur aquarium.

Le travail se terminait par le chœur des soldats de Faust chanté par les sardines, après quoi elles venaient d'elles-mêmes se ranger dans leur boîte d'où elles ne bougeaient point jusqu'à la représentation du lendemain.

À présent, Tirouard, riche et officier d'académie*, goûte un repos qu'il a bien mérité.

J'ai visité hier son merveilleux hôtel de l'impasse Guelma, où j'ai particulièrement admiré les jardins suspendus qu'il a fait venir de Babylone à grands frais.

(http://www.bmlisieux.com) [dernier accès le 16 avril, 2002]

Vocabulaire express

les soufflets slaps

au comble de l'ire absolutely furious

flemmard lazy (familiar)

nous nous remémorions we spent time reminiscing

pacotilles junk

des bassinoires warming pans

le scaphandrier deep-sea diver

officier d'académie decorated by the French Academy

En passant

Alphonse Allais est aussi l'auteur de cette déclaration d'ordre littéraire: « Shakespeare n'a jamais existé. Toutes ses pièces ont été écrites par un inconnu qui portait le même nom que lui. »

Il a aussi déclaré cette maxime qui devrait devenir célèbre: « Le café est un breuvage qui fait dormir quand on n'en prend pas. »

Edmond Tirouard est un mot inventé (« Ed-mon-tiroir ») comme son équivalent anglais *Chester Draws*.

Matière à penser

- Vous souvenez-vous de blagues faites à des amis?

- Avez-vous été victime d'une farce de mauvais goût?

33 Martine

Voici un conte écrit à partir de la formule expliquée dans la section d'activités de *Nouveau départ*.

Elle s'appelait Martine. Elle avait trente-neuf ans et était mariée avec Robert depuis vingt ans. Leur union avait produit deux enfants, Alain, qui approchait les dix-neuf ans et Marthe, dix-sept ans sonnés. Elle avait passé ces vingt années à la maison à s'occuper de son mari et de ses enfants. Elle pensait qu'il était maintenant temps de refaire un peu sa vie, d'autant plus que les enfants avaient moins besoin d'elle.

Un jour, elle a rencontré Giselle, une amie d'enfance, au restaurant d'un supermarché. Giselle était toujours première en tout à l'école. Elle était directrice du personnel dans une grande entreprise internationale depuis une dizaine d'années. Martine, elle, était ménagère et avait envie de faire quelque chose de nouveau. Elles ont parlé pendant un bon moment et Giselle a conseillé à Martine d'aller dans un centre d'orientation professionnelle afin de faire évaluer ses aptitudes.

Un bon matin, après avoir pris rendez-vous, et sans rien dire aux membres de sa famille, Martine s'est rendue au centre d'orientation professionnelle de sa ville. Elle avait très peur, tout d'abord parce qu'elle n'était jamais allée dans ce genre d'établissement, et ensuite, elle craignait qu'on lui dise qu'elle n'avait aucune aptitude particulière. Après un quart d'heure interminable, passé dans la salle d'attente, elle est entrée dans un bureau où une jeune femme d'une vingtaine d'années lui a fait passer des tests. Il fallait répondre à des questions de toutes sortes en cochant des cases sur des fiches. Une fois les tests finis, Martine a attendu pendant une demi-heure avant d'être convoquée par une autre employée qui lui a posé beaucoup de questions et lui a conseillé un certain nombre de carrières possibles. Il lui suffisait de faire un choix selon ses possibilités du moment. Par exemple, la conseillère lui a dit que si elle voulait rester ici dans sa ville et rester avec les membres de sa famille, son choix serait plus limité.

Dans l'autobus qui la ramenait chez elle, elle a rencontré Josette, une autre amie d'enfance qu'elle avait perdue de vue depuis quelques années. Josette vivait maintenant comme une ermite depuis qu'elle avait décidé de faire des études par correspondance et aussi au collège. Josette lui a conseillé de faire de même et lui a promis de l'aider.

Martine a dû remplir de nombreux formulaires pour s'inscrire à un cours du soir dans un collège. C'était plutôt ennuyant à faire, mais beaucoup moins que de subir les sarcasmes incessants de Robert qui craignait d'avoir à faire la cuisine pendant que « madame allait rigoler avec ses nouveaux copains. Comme si elle avait besoin de faire des études à son âge… » Lui qui n'avait pas lu un livre depuis le jour où il avait quitté l'école, ne voulait pas voir sa femme constamment le nez plongé dans un bouquin. Ils ont même eu une scène de ménage la veille du jour où Martine devait commencer au collège et il lui avait même interdit de se rendre à ce collège de malheur!

Martine, se rendant compte que la situation allait empirer, avait donc décidé de ne pas se rendre au collège, mais, sans prévenir, Josette est venue la chercher chez elle car elle avait cours aussi ce jour-là. Après une longue discussion, Martine s'est laissée convaincre. En arrivant au collège, elle a été très embarrassée de voir Robert qui l'attendait dans le hall d'entrée. L'air furieux, il est venu la voir, lui disant qu'il ne voulait pas qu'elle gaspille leur argent à s'inscrire à des cours qui ne serviront rien à personne et qui feront que la famille entière en souffrira.

Martine a eu envie de tenir tête à son mari, mais elle a pensé qu'il vallait mieux rentrer à la maison et éviter une scène devant tous les autres étudiants. Après tout, elle pourrait peut-être trouver des petits boulots à faire qui lui feraient gagner un peu d'argent de poche. Elle s'apprêtait à tourner les talons lorsque Josette est intervenue. Josette a interpelé Robert et lui a fait honte en le traitant d'égoïste et de phallocrate devant un groupe d'étudiants qui avaient l'air de bien s'amuser en regardant la scène. Robert, interloqué, a fini par capituler et est reparti au travail.

Martine est allée à son cours et, plus tard, à la cafétéria du collège, elle a rencontré des étudiantes qui avaient eu les mêmes ennuis qu'elle au début de leurs études. Néanmoins, c'est avec une appréhension certaine qu'elle a attendu le retour de Robert. Les enfants, eux, avait toujours pensé que leur mère avait raison de prendre un nouveau départ. Vers sept heures, Robert est entré, un bouquet de fleurs caché derrière son dos, et l'a offert à Martine. Lui qui n'avait pas fait cela depuis un certain temps... Il lui a dit qu'il avait réfléchi à la situation, que Josette avait raison et qu'elle, Martine, avait bien raison de vouloir faire quelque chose de différent à son âge, après avoir passé vingt ans de sa vie à s'occuper des autres.

Martine en est à sa troisième année d'études. Il ne lui en reste que quatre avant d'obtenir son diplôme! Alain est marié, Marthe est réceptionniste au centre d'orientation professionnelle et Robert va aux cours du soir depuis deux ans, un pour la menuiserie et l'autre pour la plomberie. Sa vie a changé et il est heureux!

Matière à penser

• Connaissez-vous quelqu'un qui a eu une histoire semblable à celle de Martine? Comment s'est-elle terminée?

34 Charité bien ordonnée...

Ce texte a été choisi car il représente un genre que nous n'avons pas encore rencontré dans ce recueil. Il s'agit de l'histoire drôle, récit qui se raconte entre amis plutôt que de se lire tout(e) seul(e).

Un avare notoire vient de faire un don important à une œuvre de charité. Mais le lendemain, un homme sonne à sa porte:

« Merci, monsieur, pour le chèque que vous nous avez envoyé et qui nous permettra de faire beaucoup de bonnes œuvres. Cependant je dois vous signaler un petit oubli de votre part. Vous êtes distrait sans doute, car ce chèque, vous avez oublié de le signer… »

« Détrompez-vous, dit l'avare. Ce n'est pas de la distraction. C'est qu'en matière de générosité, étant d'un naturel très modeste, je préfère rester anonyme… »

(d'après Nègre, H. (1973) *Dictionnaire des histoires drôles*, Paris, Livre de Poche, Fayard, p. 359)

En passant

« Charité bien ordonnée » est le début d'un proverbe qui nous conseille de ne pas nous oublier lorsque nous sommes généreux: « Charité bien ordonnée commence par soi-même. »

Matière à penser

- Jean de la Fontaine (1621–1695), dans une fable intitulée *Le villageois et le serpent*, écrit:

   « Il est bon d'être charitable,
   Mais envers qui? C'est là le point. »

Est-ce qu'il vous est déjà arrivé de vous poser la même question?

- De son côté, le métaphysicien Nicolas de Malebranche (1638–1715) a déclaré:

   « Il faut toujours rendre justice avant que d'exercer la charité. »

La première action n'annule-t-elle pas la seconde? Qu'en pensez-vous?

35 Approche d'une terre inconnue

Ce texte, choisi comme exemple de récit historique plutôt que d'œuvre littéraire, contient un certain nombre de verbes au passé simple.

Le 2 avril, à dix heures du matin, nous aperçûmes dans le nord-nord-est une montagne haute et fort escarpée qui nous parut isolée; je la nommai le Boudoir ou le pic de la Boudeuse. Nous courions au nord pour la reconnaître, lorsque nous eûmes la vue d'une autre terre dans l'ouest-quart-nord-ouest, dont la côte non moins élevée offrait à nos yeux une étendue indéterminée. Nous avions le plus urgent besoin d'une relâche qui nous procurât du bois et des rafraîchissements, et on se flattait de les trouver sur cette terre. Il fit presque calme tout le jour. La brise se leva le soir, et nous courûmes sur la terre jusqu'à deux heures du matin […].

Pendant la nuit du 3 au 4, nous louvoyâmes* pour nous élever dans le nord. Des feux que nous vîmes avec joie briller de toutes parts sur la côte nous apprirent qu'elle était habitée. Le 4, au lever de l'aurore, nous vîmes une baie ouverte au nord-est. Nous courions à pleines voiles vers la terre, présentant au vent de cette baie, lorsque nous aperçûmes une pirogue qui venait du large et voguait vers la côte, se servant de sa voile et de ses pagaies*. Elle nous passa de l'avant, et se joignit à une infinité d'autres qui, de toutes les parties de l'île, accouraient au-devant de nous. L'une d'elles précédait les autres; elle était conduite par douze hommes nus qui nous présentèrent des branches de bananiers, et leurs démonstrations attestaient que c'était là le rameau d'olivier. Nous leur répondîmes par tous les signes d'amitié dont nous pûmes nous aviser; alors ils accostèrent le navire, et l'un d'eux, remarquable par son énorme chevelure hérissée en rayons, nous offrit avec son rameau de paix un petit cochon et un régime de bananes. Nous acceptâmes son présent, qu'il attacha à une corde qu'on lui jeta; nous lui donnâmes des bonnets et des mouchoirs, et ces premiers présents furent le gage de notre alliance avec ce peuple.

Bientôt plus de cent pirogues de grandeurs différentes, et toutes à balancier, environnèrent les deux vaisseaux. Elles étaient chargées de cocos, de bananes et d'autres fruits du pays. L'échange de ces fruits délicieux pour nous contre toutes sortes de bagatelles se fit avec bonne foi, mais sans qu'aucun des insulaires voulût monter à bord. [...] Les pirogues restèrent le long des navires jusqu'à ce que les approches de la nuit nous firent revirer au large; toutes alors se retirèrent. [...]

La journée du 5 se passa à louvoyer, afin de gagner au vent de l'île, et à faire sonder par les bateaux pour trouver un mouillage. L'aspect de cette côte, élevée en amphithéâtre, nous offrait le plus riant spectacle.

Quoique les montagnes y soient d'une grande hauteur, le rocher n'y montre nulle part son aride nudité; tout y est couvert de bois. À peine en crûmes-nous nos yeux, lorsque nous découvrîmes un pic chargé d'arbres jusqu'à sa cime isolée qui s'élevait au niveau des montagnes, dans l'intérieur de la partie méridionale de l'île.

Il ne paraissait pas avoir plus de trente toises[1] de diamètre et diminuait de grosseur en montant; on l'eût pris de loin pour une pyramide d'une hauteur immense que la main d'un décorateur habile aurait parée de guirlandes de feuillages. Les terrains moins élevés sont entrecoupés de prairies et de bosquets, et dans toute l'étendue de la côte il règne, sur les bords de la mer, au pied du pays haut, une lisière de terre basse et unie, couverte de plantations. C'est là qu'au milieu des bananiers, des cocotiers et d'autres arbres chargés de fruits, nous apercevions les maisons des insulaires. [...]

L'île, à laquelle on avait d'abord donné le nom de Nouvelle-Cythère, reçoit de ses habitants celui de Tahiti.

(Bougainville, L.A. (1771) *Voyage autour du monde par la frégate La Boudeuse et la flûte L'Étoile*)

Vocabulaire express

nous louvoyâmes we tacked

les pagaies paddles

[1] pre-metric unit of measurement, equal to approximately 3 metres

En passant

Mathématicien et militaire, fondateur d'une colonie française dans les Îles Malouines, Louis Antoine de Bougainville est chargé en 1766, par le gouvernement français, de faire un voyage autour du monde: il devient ainsi le premier Français à effectuer une circumnavigation. Bougainville, qui est accompagné du naturaliste et botaniste Philippe Commerson, fait lui-même grand nombre d'observations astronomiques au cours de son voyage.

Matière à penser

- Dans un article du *Monde* du 18 octobre 1974, un journaliste présente à son lectorat l'opinion d'un militaire français chargé de résoudre les problèmes de l'Algérie dans les années 50: « … la colonisation est un bienfait […] en accord avec la pensée chrétienne ». Que pensez-vous de cette déclaration?

36 Les appareils volateurs plus lourds que l'air[1]

Ce texte est extrait d'un ouvrage de vulgarisation scientifique, paru en 1891.

Beaucoup d'efforts ont été tentés dans le but de créer des machines volantes plus pesantes que l'air. […]

Disons d'abord, pour éclairer le sujet, que les *aviateurs*, c'est-à-dire les partisans du *plus lourd que l'air*, se partagent en deux camps: ceux qui préconisent l'hélice comme moyen d'ascension verticale, et ceux qui emploient des appareils descendant d'un lieu élevé suivant des plans inclinés, et qu'on nomme *aéroplanes*.

Les premiers promoteurs de l'hélice avec les appareils plus lourds que l'air furent MM. Nadar, de la Landelle et Ponton d'Amécourt, dont nous avons rapporté les tentatives, faites en 1867, dans les *Merveilles de la science*. Ponton d'Amécourt avait fait construire par Froment, en 1863, un *hélicoptère* à vapeur, qui n'avait pu fonctionner, mais qui, perfectionné, donna naissance aux appareils de MM. Pomier et de la Pauze (1870), Achenbach (1874), Hérard (1875), Dieuaide (1877), Melikoff et Castel (1877).

L'appareil de Pomier était poussé par un moteur à poudre, d'une combinaison particulière, qui actionnait une hélice tournant obliquement, pour monter en diagonale.

L'appareil d'Achenbach, muni d'une machine et d'une chaudière à vapeur, actionnait une grande hélice à quatre ailes. Des deux côtés de cette hélice se développait une palette de bois qui, d'après l'inventeur, devait fournir à l'hélice un point d'appui aérien plus efficace, et qui était munie, à l'arrière, d'un gouvernail. L'axe de cette pièce était percé d'une ouverture, où se logeait la chaudière et où prenaient place les voyageurs aériens. Une autre hélice, plus petite, était placée au-dessus de la chaudière, et flanquée d'une autre pièce de bois, destinée à servir de *taille-vent*. Cette seconde hélice était mue par la vapeur qui sortait de la chaudière par un tuyau vertical. Tout cela est assez hétéroclyte. […]

M. Melikoff emploie une autre machine, dans laquelle l'hélice est disposée de manière à se transformer au besoin en parachute.

En 1878, M. Castel a construit un hélicoptère mû[2] par l'air comprimé. Des engrenages communiquent le mouvement à quatre paires d'hélices superposées et placées côte à côte, les unes tournant en sens contraire des autres. L'appareil pour la compression de l'air restait sur le sol, et un tube de caoutchouc envoyait l'air comprimé.

[1] See the *En passant* section after this text.
[2] past participle of *mouvoir*

Un accident mit fin aux essais de ce joujou aérien.

Pendant la même année, un physicien de Milan, le professeur Forlarini, exécutait un appareil plus lourd que l'air (hélicoptère) supérieur à tous ceux qui l'ont précédé, car c'est le seul appareil de ce genre qui se serait élevé de terre en soulevant avec lui son moteur et sa machine à vapeur. [...]

Il paraît que les expériences du professeur de Milan ne furent pas défavorables. Cependant l'inventeur ne les a pas poursuivies.

Nous arrivons à la seconde catégorie d'appareils volateurs, ceux qui procèdent par impulsion d'un mécanisme tombant le long d'un plan incliné et tendant à imiter le vol de l'oiseau.

C'est vers 1871 que l'inventeur de ce système, M. Penaud, fit connaître le parti que l'on pouvait tirer, pour l'*aviation*, de la force assez considérable résidant dans une tresse de caoutchouc fortement tordue, et que l'on laisse se dérouler, par son elasticité. Pendant plusieurs années M. Penaud, poursuivant ses études, a fait connaître plusieurs dispositions d'oiseaux mécaniques, volant avec une certaine rapidité. [...]

Mais c'est le docteur Hureau (de Villeneuve), président de la *Société de navigation aérienne*, qui s'est le plus occupé de construire des appareils volateurs, destinés à exécuter les mouvements de l'oiseau dans l'air. M. Hureau (de Villeneuve) se consacre avec un zèle sans pareil à la propagation de l'*aviation*. Le journal l'*Aéronaute*, qui se publie sous sa direction, est entièrement

affecté à ce genre d'études. L'oiseau mécanique qu'il a construit a l'aspect d'une chauve-souris, et grâce à la simple détorsion d'un boyau de caoutchouc, il fend l'air avec une vitesse remarquable, c'est-à-dire en parcourant 9 mètres par seconde. [...]

C'est, pour ainsi dire, par acquit de conscience, et pour ne pas paraître dédaigner des travaux conçus dans un très honorable but, que nous avons consigné ici les tentatives diverses des promoteurs du *plus lourd que l'air*. Ce qui prouve leur peu de valeur, c'est que rien n'est resté, du moins jusqu'à ce moment, des nombreuses expériences faites dans cette direction, depuis 1870, car jamais le public n'a été mis en mesure d'en connaître l'existence. La raison en est, ainsi que nous l'avons dit au début de ce chapitre, qu'il faudrait un moteur marchant avec une vitesse inouïe, pour élever en l'air, y maintenir et y diriger un appareil lourd. Or, ce moteur merveilleux, ce phénix de la mécanique, n'a jamais été vu que dans les aspirations et les rêves des partisans du *plus lourd que l'air*.

Le système du *plus lourd que l'air* est donc aujourd'hui en défaveur, et nous ajouterons en juste défaveur. Est-il raisonnable de rejeter, sans nécessité, le merveilleux moyen que nous offre l'art des Montgolfier de nous élever de terre et de flotter dans les airs, sans dépense, ni appareil compliqué, grâce au seul emmagasinement d'un gaz providentiellement léger: le gaz hydrogène?

(Figuier, L. (1891) *Merveilles de la science ou description populaire des inventions modernes*)

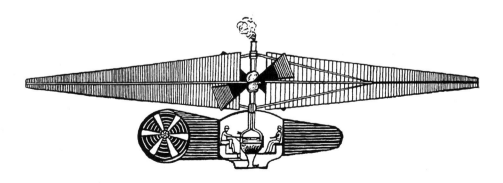

Hélicoptère à vapeur de M. Achenbach

En passant

À l'époque, les précurseurs de l'aéronautique ne s'étaient pas entendus pour définir le vocabulaire qui convenait. De nos jours on dirait des 'objets volants' plutôt que des 'appareils volateurs'.

Matière à penser

- Imaginez une invention qui vous semble être irréalisable.

- Comment exprimeriez-vous vos doutes à l'inventeur passionné (qui est aussi votre ami(e))?

37 Louis Pasteur (1822–1895) et l'institut qui porte son nom

Ce texte nous démontre comment on peut faire la présentation d'une vie et de ses événements-clés dans un contexte historique. Il est écrit d'une manière simple, claire et concise sans embellissements subjectifs. Néanmoins, il montre l'importance mondiale de Louis Pasteur et ses qualités personnelles.

« Deux lois contraires semblent aujourd'hui en lutte: une loi de sang et de mort qui oblige les peuples à être toujours prêts pour le champ de bataille, et une loi de paix, de travail, de salut, qui ne songe qu'à délivrer l'homme des fléaux qui l'assiègent », constate Pasteur, en 1888, dans le discours d'inauguration de l'institut portant son nom. Soucieux d'améliorer la condition de ses semblables, cet humaniste avait déjà choisi sa voie, stimulé par un père tanneur, dont il loue l'influence: « Regarder en haut, apprendre au-delà, chercher à s'élever toujours, voilà ce que tu m'as enseigné. »

Jurassien, Pasteur naît à Dole, le 27 décembre 1822, puis passe sa jeunesse à Arbois. Écartant un penchant pour le dessin, il se tourne vers la science et intègre l'École normale supérieure. Intrigué par la note d'un physicien, il se lance dans l'étude des cristaux et découvre ce qui distingue radicalement le monde minéral et le monde organique. Ayant associé cristallographie, chimie et optique, il ouvre la voie de la stéréochimie*. Pasteur se penche alors sur les fermentations. Grâce à ses récents travaux, il démontre que toutes sont dues à l'existence d'un micro-organisme spécifique, qui peut être étudié s'il est cultivé dans un milieu approprié et stérile, et établit tout bonnement les fondements de la microbiologie. Reste une énigme: d'où viennent donc ces ferments? C'en est fait de* la séculaire théorie de la génération spontanée*.

La mort de cette « chimère » ne lui vaut d'ailleurs pas que des admirateurs… Sa thèse des germes, toujours prêts à se développer, n'étant pas du goût de tous. Le savant découvre ainsi la vie sans air. S'attaquant aux ferments parasites du vin, il met au point un procédé de conservation par chauffage des liquides altérables (bière, lait): la pasteurisation. Mais d'autres travaux l'attendent: une maladie des vers à soie ravage la sériciculture* de plusieurs pays. Son étude le mène à résoudre scientifiquement le mode de transmission des maladies: hérédité et contagion. Chaque affection a donc son microbe.

Autre nouveauté: on peut prévenir les infections grâce à l'asepsie* qui révolutionne chirurgie et obstétrique. Tout s'enchaîne dans une parfaite logique. Acharné, Pasteur découvre une série de bactéries comme le staphylocoque, le streptocoque, le pneumocoque, puis la méthode d'atténuation de la virulence des germes, et enfin, crée divers vaccins animaliers.

L'immunologie est née. Pasteur s'attaque alors à la rage. Dans son laboratoire, en 1885, il tente un traitement et sauve un jeune garçon. Les malades affluent du monde entier. Le cabinet est trop exigu*. Aussi, en 1886, à l'Académie des sciences, Pasteur déclare-t-il:

« La prophylaxie* de la rage est fondée. Il y a lieu de créer un établissement vaccinal contre la rage. » Ainsi soit-il. Mais ce sera aussi un « centre de recherche pour les maladies infectieuses » et « d'enseignement pour les études qui relèvent de la microbie ». En 1888, l'Institut Pasteur est inauguré à Paris. Le savant en a rédigé les statuts avec le souci de garantir aux chercheurs de bonnes conditions matérielles, la liberté de pensée et d'action. Une souscription publique internationale génère un tourbillon de générosité et bientôt se dresse la façade Louis XIII de deux bâtiments reliés par une galerie, en pierre de taille, meulière* et brique.

« Il n'est pas une pierre qui ne soit le signe d'une généreuse pensée », s'émeut Pasteur. Et ce n'est qu'un début. En 1894, trois chercheurs, dont Émile Roux, élaborent la sérothérapie* antidiphtérique. Retombées immédiates. *Le Figaro* lance une nouvelle souscription. Achat de chevaux producteurs d'immunosérums, construction d'écuries.

Un mécène propose de construire et d'entretenir un hôpital voué au traitement des maladies infectieuses. Pasteur ne le verra pas: il meurt le 28 septembre 1895. Avec la création du premier institut outre-mer en 1891 à Saigon, il aura néanmoins vu ses méthodes gagner le monde.

(Raynal, F. *De découverte en découverte*)

Vocabulaire express

la stéréochimie stereochemistry (the study of the spatial arrangement of atoms in molecules)

c'en est fait de it was the end of

la séculaire théorie de la génération spontanée theory that fully-formed organisms can arise from non-living matter

la sériciculture silk production

l'asepsie disinfection

trop exigu too small

la prophylaxie measures to combat disease

meulière burrstone

la sérothérapie serotherapy (the study of disease control via antibodies injected by blood serum)

En passant

Ce texte est paru en 1995, « l'année Pasteur », année où l'on a commémoré le centenaire de la disparution du grand scientifique. Des recherches éclectiques, des intuitions géniales, une volonté tenace, et un travail rigoureux ont permis à Louis Pasteur de révolutionner la science. Père de la microbiologie et de l'immunologie, cet académicien est aussi le fondateur d'un institut qui a essaimé par le monde. Aujourd'hui, plus de cent ans après la mort de Pasteur, ses disciples continuent son combat pour le progrès et le mieux-être de l'humanité. Il y a l'avant et l'après Pasteur.

Matière à penser

- Les connaissances scientifiques telles que les découvertes de Pasteur permettent aux médecins de soigner des malades qui autrement seraient morts. Est-ce qu'un jour les recherches mèneront à de telles solutions pour toute maladie infectieuse? Pourquoi?

38 À la recherche d'un nouvel élément

Ce texte décrit le travail épuisant, dans des conditions primitives, qui permit à Marie Curie (1867–1934) d'isoler le radium, élément radioactif dont elle et ses collaborateurs, notamment son mari Pierre, avaient soupçonné l'existence – étape déterminante dans l'évolution de la physique atomique et de la radiologie.

« Cela tenait de l'écurie et du cellier à pommes de terre, et si je n'avais pas vu la table de travail avec son matériel de chimie, j'aurais cru à un canular. »

Ainsi un chimiste allemand, intéressé par les travaux des Curie, décrit-il le lieu dans lequel le radium sera isolé, son poids atomique fixé, quarante-huit mois après le jour où Marie a émis l'hypothèse de son existence.

Selon Jean Perrin, « Pierre Curie, plus physicien peut-être, s'intéressait surtout aux propriétés mêmes du rayonnement. Il croyait moins à la nécessité de faire l'effort nécessaire pour isoler la nouvelle substance et en obtenir « un flacon », comme disent les chimistes. Cet effort a été certainement dû à la volonté opiniâtre et persistante de Mme Curie. Et il n'est pas exagéré de dire aujourd'hui que là est la pierre angulaire sur laquelle repose l'édifice entier de la radioactivité. » […]

Le radium se trouve, comme l'uranium, dans la pechblende*, mais en quantité infinitésimale. Obtenir quelques milligrammes de radium assez pur pour pouvoir établir son poids atomique exige que des tonnes de pechblende soient traitées. […]

En face de la petite pièce où Marie a travaillé jusque-là, de l'autre côté, se trouve un hangar désaffecté qui a servi autrefois de salle de dissection aux étudiants de l'École de médecine.

La pluie traverse le toit vitré lorsque le soleil ne transforme pas le hangar en serre. Le sol est en bitume. C'est là que les Curie vont installer quelques vieilles tables équipées de fours et de brûleurs à gaz, trop heureux que le nouveau directeur de l'École[1], avec lequel Pierre s'entend mal, les y autorise.

Ce que Marie va y faire, le souvenir en est resté gravé dans la mémoire de tous ceux qui l'ont vue.

Elle puise dans un sac, prend la pechblende par vingtaines de kilos, la verse dans une bassine de fonte, le plus qu'elle peut soulever. Puis elle met la bassine sur le feu, dissout, filtre, précipite, recueille, dissout encore, obtient une solution, la transvase, la mesure. Et recommence.

« Je passais parfois la journée entière à remuer une masse en ébullition avec une tige de fer presque aussi grande que moi, écrit-elle. Le soir, j'étais brisée de fatigue… C'était un travail exténuant que de transporter les récipients, de transvaser les liquides et de remuer, pendant des heures, la matière en ébullition, dans une bassine en fonte. »

[1] The *École de physique et de chimie industrielles* in Paris.

L'opération de purification exige l'utilisation de sulfure d'hydrogène. C'est un gaz toxique, et il n'y a pas de hotte d'extraction dans le hangar.

Alors, quand le temps le permet, Marie transporte ses bassines dans la cour. Sinon, il faut laisser toutes les fenêtres du hangar ouvertes.

Qu'un grain de poussière, une particule de charbon tombent dans l'un des bols où les solutions purifiées cristallisent, et ce sont des jours de travail perdus. [...]

Un chimiste, Georges Jaffé, qui fut parmi les privilégiés à franchir parfois l'enceinte du hangar-laboratoire, rapporte qu'il eut le sentiment d'assister à la célébration d'un culte dans un lieu sacré.

Marie dit la même chose, un peu autrement:

« Dans notre hangar si pauvre régnait une grande tranquillité [...]. Nous vivions dans une préoccupation unique, comme dans un rêve. »

Et elle ajoute:

« Il nous arrivait de revenir le soir après dîner pour jeter un coup d'œil sur notre domaine. Nos précieux produits pour lesquels nous n'avions pas d'abri étaient disposés sur les tables et sur des planches; de tous côtés on apercevait leurs silhouettes faiblement lumineuses, et ces lueurs qui semblaient suspendues dans l'obscurité nous étaient une cause toujours nouvelle d'émotion et de ravissement. »

Les précieux produits sont aussi une cause d'inexplicable lassitude. Pierre commence à souffrir de douleurs dans les jambes que le médecin de famille attribue à des rhumatismes, entretenus par l'humidité du hangar.

Il le met au régime, lui interdit la viande et le vin rouge. Marie devient diaphane. Tuberculose? Les analyses auxquelles elle se soumet, sur l'insistance de son beau-père, sont négatives. L'un et l'autre sombrent, par période, dans une sorte de léthargie.

[L'été de 1900 arrive.]

Une température qui atteint à Paris 37°9 rend le hangar intenable sous son toit vitré. Marie, impavide, n'a pas bronché et le 23 juillet, elle a cru toucher au but.

« Radium pur dans sa capsule » écrit-elle sur le carnet noir.

Le 27, elle note le poids d'un atome de radium: 174.

Sur la page suivante figure une série de calculs. Puis: « C'est impossible. »

C'est impossible en effet. Il ne lui reste plus qu'à recommencer toutes les opérations qu'elle a menées pendant près de deux ans, sur huit tonnes de pechblende.

[En 1902, Marie Curie réussit à établir le poids atomique du radium.]

Le jour où Marie apporte à Eugène Demarçay un échantillon d'un décigramme environ de sels de radium purifié pour s'assurer qu'il ne contient plus qu'une quantité négligeable de substance étrangère, elle a procédé à plusieurs milliers de cristallisations et elle a perdu sept kilos en quatre ans.

Mais ce n'est pas son poids qui l'intéresse. C'est celui qu'elle va écrire, à la date du 28 mars 1902, sur le carnet noir:

Ra = 225,3. Le poids d'un atome de radium.

> C'est la fin d'une aventure sans précédent connu dans l'histoire de la science. [...]
>
> Quelques jours plus tard [...] on ne parle plus dans les salons parisiens que du radium. Parce que le radium guérit le cancer.
>
> L'Académie des sciences ouvre aux Curie un crédit de 20 000 F « pour l'extraction de matières radioactives ».
>
> Une thérapeutique, une industrie et une légende vont naître.

(Giroud, F. (1981) *Une femme honorable*)

*Vocabulaire express

la pechblende the mineral pitchblende, which contains uranium and other radioactive elements

En passant

Jean Perrin (1870–1942): physicien et professeur à la Sorbonne. Il a reçu le prix Nobel de Physique en 1926.

Eugène Demarçay (1852–1904): physicien et collègue de Pierre Curie. Il a isolé l'europium en 1901.

Matière à penser

- À se pencher trop sur l'infiniment petit, est-ce qu'on ne perd pas un peu le sens des proportions dans notre monde de tous les jours?

39 La force des neurones

Ce texte a été choisi parce qu'il nous montre que la paralysie générale n'est pas un obstacle à une vie créative si l'on a à sa disposition certains outils de communication. Il s'agit ici d'un texte purement scientifique, dénué complètement d'émotions.

Privé de la parole et complètement paralysé à la suite d'un accident vasculaire, le journaliste Jean-Dominique Bauby réussit à « dicter », avant de décéder en mars 1997, un livre, *Le Scaphandre et le Papillon*, en clignant d'une paupière. Après les yeux, le cerveau pourrait bien être le nouveau recours des personnes handicapées pour communiquer et retrouver une partie de leurs mouvements.

La piste suivie depuis plus de dix ans par les chercheurs consiste à utiliser les ondes cérébrales pour communiquer avec l'ordinateur. Menée en particulier par Edward Taub, de l'université de l'Alabama à Birmingham (États-Unis), et par Niels Birbaumer, de l'université de Tubingen en Allemagne, cette expérience peut permettre à des personnes paralysées d'écrire un texte ou de répondre à un courrier électronique. Il y a deux ans, une première tentative avait permis à deux patients d'écrire un texte grâce à des électrodes implantées dans leur cerveau. La technique développée par Taub et Niels comporte moins de risques car les électrodes ne sont plus disposées dans le cerveau mais sur le dessus du crâne. Elles fonctionnent avec un appareil qui mesure l'intensité électrique des ondes émises par le cerveau.

L'idée est d'aider les patients à développer des capacités cérébrales, leur permettant d'interagir avec l'ordinateur. Cet entraînement vise à faire bouger de haut en bas un curseur sur l'écran. Une fois que le patient maîtrise le mouvement, il peut sélectionner les lettres de l'alphabet et composer son texte. Les récentes expériences ont montré qu'il fallait environ 80 secondes pour sélectionner une lettre. Pour faciliter le travail des patients, les scientifiques cherchent à développer des systèmes qui permettraient de faire apparaître des mots sur l'écran dès les premières lettres tapées.

C'est encore au moyen d'électrodes qu'on permet aux parkinsoniens et aux autres malades souffrant de tremblements chroniques de retrouver une vie presque normale. L'opération se pratique depuis une douzaine d'années à Grenoble, sous la direction du professeur Benabid, chercheur à l'Inserm. Elle consiste à placer des électrodes dans des zones particulières du cerveau. Reliées à un stimulateur de type pacemaker, elles permettent de supprimer les mouvements incontrôlés et la rigidité des muscles qui leur est associée. C'est sous le contrôle permanent d'un appareil d'imagerie à résonance magnétique que les neurochirurgiens et électrophysiologistes explorent depuis le sommet du crâne le cerveau du patient. Quand l'électrode a trouvé une cible, les neurones sont stimulés. Si l'expérience se révèle concluante, les médecins placent à cet endroit une électrode fixe. Le stimulateur, placé sous l'omoplate, est programmable. On peut donc régler sa fréquence en fonction du patient. L'appareil est conçu pour fonctionner sept ans.

(Fraissard, G. et Manoury, C. « La force des neurones », *Le Monde Interactif*, 17 février, 1999)

Matière à penser

- À l'avenir, selon vous, est-ce que l'application des techniques expliquées ci-dessus pour reprogrammer les cerveaux de terroristes ou de criminels pathologiques, serait justifiée au sein d'une société démocratique?

Cours d'écriture

Bien dans sa peau

When you have completed your work on *Bien dans sa peau*, you should be able to:

- understand the terms 'noun', 'adjective' and 'pronoun' and use each one in a sentence;

- understand sentence cohesion and the function of relative pronouns;

- use synonyms, antonyms and homonyms.

Section 1

By the end of this *section*, you will have learned how to:

- improve a text by using synonyms;

- produce a paraphrase of a text.

Au cours de cette section, nous allons nous intéresser plus particulièrement au **nom**, un des éléments essentiels de toute communication. Nous allons voir que certains noms peuvent signifier presque la même chose et que d'autres noms expriment le contraire les uns des autres. En manipulant ces noms, il vous sera possible d'élargir votre vocabulaire actif et de rendre vos textes plus variés.

Qu'est-ce qu'un nom? C'est un mot qui sert à nommer des choses, des animaux, des concepts ou des personnes. Le nom constitue le matériau essentiel de la langue. Si vous avez besoin de plus amples renseignements sur le nom et la sphère du nom, consultez votre livre de grammaire.

Avant de faire un travail plus élaboré sur les noms, il faut d'abord pouvoir les identifier. C'est ce que vous allez faire dans l'exercice qui suit. Ce travail ne sera pas difficile car vous savez déjà que le nom est souvent précédé par un article défini (le, la, les) ou indéfini (un, une, des), des adjectifs possessifs (mon, ma, mes, etc.) ou des adjectifs démonstratifs (ce, cette, ces).

Trouvez les articles, et vous trouverez une grande partie de ces noms.

Activité 1

Soulignez tous les noms (il y en a dix) d'un extrait de Jean Giono (1895–1970) tiré de *Faire son bonheur*.

> Dès qu'on ne fait plus son bonheur soi-même, on est perdu… J'en connais ou j'ai connu personnellement la plupart de ceux qui font métier politique de pousser à la masse. Ce sont des gens fortement individualisés… Ils amassent tout le monde sauf eux-mêmes: ils se tiennent en dehors et au-dessus. Ils dirigent, ils commandent, ils ne sont que les apôtres d'une nouvelle hiérarchie dans laquelle ils ont pris soin de marquer leur place au sommet.

Les noms sont masculins ou féminins, singuliers ou pluriels. Ils se partagent entre deux catégories: les **noms communs** ('chapeau', 'santé', 'bonheur') et les **noms propres** ('Edimbourg', 'Alfred').

Certains mots expriment une idée plus ou moins semblable ou dénotent une même personne, une même chose ou une même action. On dit que ces mots sont des **synonymes**. Par exemple, 'médecin' et 'docteur', 'bonheur' et 'contentement' sont des synonymes.

Les synonymes sont des mots de sens proche mais qui ne signifient pas exactement la même chose, de plus, ils ne sont pas complètement interchangeables. Cela dépend quelquefois du registre de langue, comme vous le verrez dans *L'environnement en danger*.

Les synonymes d'un mot ou d'une expression ont des connotations diverses. Elles nous obligent à faire un choix lorsque nous voulons exprimer une idée. Ce choix est souvent imposé par le contexte dans lequel le mot apparaît et par le caractère spécifique du registre, chose que nous allons étudier plus en détail dans *L'environnement en danger*.

En anglais, par exemple, lorsqu'on jette une pierre, on peut employer les verbes *cast*, *throw* et *chuck*. Ce sont des synonymes, mais on ne peut pas les employer comme on veut dans n'importe quel contexte. Il importe donc de ne pas employer des synonymes d'une manière purement mécanique.

Les **homonymes** sont des noms qui se prononcent ou qui s'écrivent de la même manière.

On appelle **homophones** des mots qui se prononcent de la même manière, comme 'un pot' et 'une peau' ou 'phare' et 'fard'. On appelle **homographes** des mots qui s'écrivent de la même manière.

On trouve ainsi 'un moule' et 'une moule', 'un page' et 'une page', 'un vase' et de la 'vase' et aussi des mots qui ne se prononcent pas de la même façon, comme: un 'président' [prezidã] et ils 'président' [prezid]. Isolés, ces homonymes peuvent prêter à confusion. Cependant, le contexte dans lequel ils se trouvent en précise souvent le sens.

En remplaçant les noms d'un poème par des synonymes, on peut se rendre compte de la difficulté du choix des mots pour un poète. En même temps, on peut mieux apprécier ceux dont il s'est servi pour exprimer d'une manière personnelle des idées que tout le monde partage. Nous allons vous demander de faire ce travail sur les deux premières strophes d'un poème de Charles Baudelaire (1821–1867). Le but de cette activité est de vous faire prendre une « bonne habitude », celle de vous servir de votre dictionnaire chaque fois que vous écrirez quelque chose.

Si vous n'avez pas de dictionnaire des synonymes, mais que vous avez accès à internet, consultez-en un en ligne comme celui que nous citons dans le corrigé de l'activité suivante.

Au cours de l'activité suivante, vous allez travailler sur des synonymes.

Activité 2

Remplacez chaque nom du poème par un synonyme. N'essayez pas de conserver le rythme et la rime. Ce serait une tâche herculéenne!

> *AU LECTEUR*
> La sottise, l'erreur, le péché, la lésine,

Occupent nos esprits et travaillent nos corps,
Et nous alimentons nos aimables remords,
Comme les mendiants nourrissent leur vermine.
Nos péchés sont têtus, nos repentirs sont lâches;
Nous nous faisons payer grassement nos aveux,
Et nous rentrons gaiement dans les chemins bourbeux,
Croyant par de vils pleurs laver toutes nos taches.

(Hackett, C.A. (ed.) (1970) *An Anthology of Modern French Poetry*, New York, Macmillan, p. 1)

Le plus souvent, lorsque vous employez 'le' ou 'la' avant un nom sans être sûr(e) de vous, le contexte permet à votre interlocuteur ou à votre interlocutrice de vous comprendre. Par exemple, si vous dites 'le maison', on vous comprendra quand même. Toutefois, il y a des mots dont le genre est capital pour la compréhension. En voici quelques-uns sur lesquels vous allez travailler.

Au cours de l'activité suivante, vous allez travailler sur des homophones et des homographes.

Activité 3

Faites une phrase pour illustrer chacun des mots suivants en montrant que vous en avez bien compris le sens:

> un tour, une tour; un somme, une somme; un poêle, une poêle (prononcer: [pwal], comme *poil*); un crêpe, une crêpe; un mode, une mode; un pendule, une pendule

Les **antonymes**, ou mots contraires, sont des vocables qui s'opposent l'un à l'autre par le sens, comme, par exemple: 'enfant' et 'adulte', 'anxiété' et 'sérénité'. L'antonyme peut se construire de différentes façons dont celle qui suit ici.

Vous avez déjà rencontré la notion de préfixe avec 're-' qui, employé avec certains verbes, signifie la répétition. Par exemple, 'revenir' et 'repartir' signifient refaire la même chose. En ajoutant un préfixe à un mot, on peut parfois créer un autre mot de sens contraire. Par exemple, on a 'terrorisme' et 'contre-terrorisme', 'entente' et 'mésentente', 'thèse' et 'anti-thèse' et aussi, entre autres, 'intérêt' et 'désintérêt'. Toutefois, nous reviendrons sur cette question des antonymes formés par des préfixes plus tard dans la section consacrée aux adjectifs.

L'objectif de l'exercice qui suit est de vous permettre d'augmenter votre vocabulaire actif. Vous aurez la possibilité d'améliorer votre style en mettant à votre disposition un vocabulaire plus varié.

Activité 4

1   Faites une liste de dix noms dénotant des concepts abstraits (par exemple, le bien, le mal, le malheur, etc.) que vous employez très souvent à l'écrit ou lorsque vous parlez.

2   Consultez votre dictionnaire si nécessaire et trouvez un antonyme pour chacun de ces noms.

Utiliser des synonymes est un bon moyen de transformer un texte tout en gardant son sens. Par exemple, plus tard, dans *Grands projets*, vous aurez l'occasion d'écrire des résumés. L'emploi de synonymes vous permettra d'écrire de nouveaux passages sans utiliser les mots des textes d'origine.

Voici un extrait d'un article intitulé Construire son bonheur, *publié sur internet. Vous allez le reformuler en remplaçant des noms par des synonymes dans l'activité suivante.*

Activité 5

Reformulez le passage suivant en remplaçant tous les noms soulignés par un synonyme qui, selon vous, convient à l'esprit du texte d'origine.

« Les barrières mentales

Quand on a l'impression de courir après le bonheur sans jamais l'attraper, il est tentant de désigner des coupables: un conjoint peu compréhensif, un travail déplaisant, des ennuis financiers, la maladie. Mais la plupart du temps le problème est ailleurs. Bien des personnes s'imaginent que le bonheur est un état idéal, dénué de souffrance. Elles pensent que la souffrance n'est pas 'normale' et qu'elles accéderont au bien-être le jour où elles en seront débarrassées. Elles croient que les gens heureux ne souffrent pas. C'est oublier que chacun a son lot d'épreuves et de douleurs. La souffrance, comme la joie de vivre, fait partie intégrante de la condition humaine. »

(http://www.tdg.ch/sante/conseils/psy/bonheur.html) [dernier accès le 16 avril, 2002]

Il serait difficile de conclure cette section sur le nom sans revoir la notion de **nominalisation**. Elle consiste à la transformation d'un groupe verbal en un groupe nominal.

Certains manuels disent que, en règle générale, la langue française préfère les noms abstraits aux verbes. Autrement dit, là où la langue anglaise utilisera un verbe ou un adjectif, le français emploiera souvent un nom. Par exemple, le mot 'maladie' de l'activité précédente serait plutôt traduit par *being ill* en anglais. Au lieu d'écrire 'demander', il vaut mieux changer sa phrase et écrire 'la demande'. À la phrase suivante:

Il sortit en espérant trouver de l'ouvrage.

il vaut mieux substituer:

Il sortit, dans la fallacieuse espérance de trouver de l'ouvrage. (*Le pauvre Bougre et le bon Génie,* texte 1*)*

Cet aspect stylistique permet de produire des textes plus abstraits dans le domaine de la dissertation, domaine que vous rencontrerez dans le cours suivant. En attendant, entraînez-vous simplement à reconnaître ce trait stylistique dans vos lectures.

Section 2

By the end of this *section* you will have learned how to:

•   improve written passages by using adjectives, synonyms and antonyms.

Au cours de cette section, vous allez vous concentrer

plus particulièrement sur l'**adjectif qualificatif** et sur son rôle spécifique dans un texte. Si le cœur vous en dit, vous pouvez consulter votre livre de grammaire et approfondir vos connaissances sur les autres types d'adjectifs. Ce genre de travail, bien que facultatif, ne manquera pas de vous servir un jour.

Souvent, lorsque les gens parlent d'adjectifs, ils pensent uniquement à l'adjectif qualificatif. En fait, il y a deux sortes d'adjectifs: l'adjectif qualificatif et l'**adjectif déterminatif**. Comme nous n'allons pas exploiter l'adjectif déterminatif nous vous conseillons de réviser vos connaissances, si nécessaire, en consultant votre livre de grammaire.

On emploie l'adjectif qualificatif pour apporter des précisions sur le nom, pour définir ses qualités:

« Un **petit** caboulot qu'il connaissait bien… » (*Le pauvre Bougre et le bon Génie*, texte 1)

« Voici un restaurant qui ne sert que des plats **cuisinés**. » (« *Graine d'appétit* » *sert déjà 110 couverts*, texte 5)

« La vente **publique** de la plus **petite** maison de Bruxelles […] a fait salle **comble**. » (*La plus petite maison adjugée à Bruxelles 4,9 millions*, texte 7)

« Louis Bonaparte est un homme de **moyenne** taille, **froid**, **pâle**, **lent**, qui a l'air de n'être pas tout à fait **réveillé**. » (*Le président qui s'est fait empereur*, texte 23)

En français, en règle générale, l'adjectif qualificatif suit le nom dans la phrase. Pour de plus amples renseignements, consultez votre livre de grammaire.

Comme on l'indique dans le livre de grammaire, certains adjectifs qualificatifs peuvent changer de sens selon leur position par rapport au nom auquel ils se rapportent. Par exemple: 'un homme grand' ne signifie pas la même chose qu'un 'grand homme'.

Voici une anecdote qui peut servir d'exemple à ce point de grammaire:

Napoléon avait choisi des hommes de haute taille pour constituer sa garde impériale. Un jour, s'adressant à l'un de ces hommes l'empereur lui a fait un compliment sur sa haute taille. Le garde aurait alors déclaré:

« Votre majesté, je suis plus grand que vous. »

Et Napoléon aurait répondu:

« Non, monsieur, vous êtes plus long! »

Ici, l'humour repose sur la différence qui existe entre 'un homme grand' (*tall*) et 'un grand homme' (*great*).

Un beau paysage admiré sous la pleine lune peut nous donner l'impression d'être bien dans notre peau. Au cours de l'activité suivante, vous allez lire un passage qui décrit une propriété à la campagne par une nuit de pleine lune.

Activité 6

Sans oublier de faire attention à leur accord, mettez les adjectifs qui manquent dans le passage en choisissant dans l'encadré suivant ceux qui, à votre avis, conviennent le mieux:

La nuit était si (1) _____ qu'on y voyait comme en (2) _____ jour; et la (3) _____ fille reconnaissait tout ce pays aimé jadis dans sa première enfance.

C'était d'abord, en face d'elle, un (4) _____ gazon (5) _____ comme du beurre sous la lumière (6) _____. Deux arbres géants se dressaient aux pointes devant le château, un platane au nord, un tilleul au sud. Tout au bout de la (7) _____ étendue d'herbe, un (8) _____ bois en bosquet terminait ce domaine garanti des ouragans du large par cinq rangs d'ormes antiques, tordus, rasés, rongés, taillés en pente comme un toit par le vent de mer toujours déchaîné.

Cette espèce de parc était (9) _____ à droite et à gauche par deux (10) _____ avenues de peupliers démesurés, appelés *peuples* en Normandie. […]

Ces *peuples* avaient donné leur nom au château. Au delà de cet enclos, s'étendait une (11) _____ plaine (12) _____ , semée d'ajoncs, où la brise sifflait et galopait jour et nuit. Puis soudain la côte s'abattait en une falaise de cent mètres, droite et (13) _____ baignant son pied dans les vagues. […]

Un jasmin grimpé autour des fenêtres d'en bas exhalait continuellement son haleine pénétrante qui se mêlait à l'odeur plus (14) _____ des feuilles naissantes. De lentes rafales passaient, apportant les saveurs fortes de l'air salin et de la sueur visqueuse des varechs.

(Maupassant, G. *Une vie*, Paris, Albin Michel, pp. 19–20)

> pénétrante • claire • inculte • jeune • plein • petite • sauvage • jolie • jaune • petit • nocturne • grand • blafarde • énorme • lunaire • large • vaste • grande • bordé • blanche • légère • longues • subtile • grise • immense • larges • forte

Tout comme le nom, l'adjectif qualificatif, en tant que mot, a des synonymes et des antonymes. Lorsque vous écrivez un texte, la recherche de synonymes vous permettra d'enrichir votre vocabulaire actif.

Dans l'activité suivante, vous allez travailler sur des adjectifs que vous connaissez bien.

Activité 7

1 Faites une liste de dix adjectifs que vous connaissez bien.

2 Trouvez un, ou plusieurs synonymes possibles à ces adjectifs.

Tout comme le nom, l'adjectif peut aussi avoir des antonymes. Par exemple, vous en avez rencontré au cours de l'activité précédente ('grand' ≠ 'petit', 'mauvais' ≠ 'bon', 'beau' ≠ 'laid'). Comme nous l'avons mentionné au cours de la section précédente consacrée au nom, on peut utiliser certains préfixes pour créer les antonymes de certains mots. C'est le cas de 'im-' qui permet de produire les antonymes suivants: 'possible' ≠ 'impossible', 'poli' ≠ 'impoli' ou 'propre' ≠ 'impropre', de 'in-', donnant, par exemple 'exact' ≠ 'inexact', de 'ill-' qui permet de faire 'logique' ≠ 'illogique', finalement, de 'ir-' qui nous donne 'responsable' ≠ 'irresponsable'. Il existe d'autres préfixes, comme 'dés-' ('désagréable'), 'dé-' ('délacé') ou 'dis-' ('disproportionné').

Au cours de l'activité suivante, vous avez le choix entre deux exercices possibles dans lesquels vous pourrez écrire un texte en faisant un effort particulier pour employer des adjectifs qualificatifs.

Activité 8

1 À l'aide de l'extrait suivant, décrivez l'aspect physique d'un homme ou d'une femme que vous connaissez ou que vous avez vu(e) récemment.

> M. de Thaler entrait…
>
> Grand, mince, raide, il avait une tête toute petite, la figure plate, le nez pointu et de longs favoris roux nuancés de fils d'argent, qui lui tombaient jusqu'au milieu de la poitrine.
>
> Vêtu à la dernière mode, il portait un de ces amples pardessus à longs poils qui bombent les épaules, un pantalon évasé du bas, un large col rabattu sur une cravate claire constellée d'un gros diamant et un chapeau à bords insolemment cambrés.

(Gaboriau, E. (1979) *L'argent des autres*, Paris, Nouvelles éditions Baudinière, pp. 18–19)

2 Si vous préférez, réécrivez le portrait de M. de Thaler en remplaçant les adjectifs qualificatifs par des synonymes ou par des antonymes.

Certains paysages nous ravissent et leur souvenir chasse la déprime. L'activité suivante va vous donner l'occasion de décrire un paysage qui vous est cher.

Activité 9

1 En vous inspirant d'*À Ninon* (texte 3) décrivez un paysage que vous aimez bien.

2 À travers votre description, veillez à montrer que vous vous sentez bien dans votre peau dans cet endroit favori. Pour ce faire, employez le plus possible d'adjectifs qualificatifs à connotations positives. Cela pourra être un paysage favori de vacances, une ville étrangère ou simplement un jardin.

Section 3

By the end of this *section* you will have learned how to:

* improve written passages by using relative pronouns;

* rewrite a complex text in a more comprehensible way.

Il existe plusieurs types de pronoms que vous pourrez retrouver dans votre livre de grammaire.

Dans cette partie du cours, nous allons nous concentrer surtout sur les **pronoms relatifs** parce qu'ils jouent un rôle important dans l'articulation des idées d'un texte.

« Le pronom relatif permet de relier plusieurs phrases en évitant de répéter un nom déjà mentionné. » (Grégoire, M. et Thiévenaz, O. (1995) *Grammaire progressive du français*, Paris, CLE International, p. 132)

« Vous payez cinquante centimes les cerises, les groseilles, les petits fruits **qui** jadis valaient deux liards! » (*Ce qui disparaît de Paris*, texte 6)

« La partie de la France **dont** traite ce volume présente des endroits intéressants… » (*Excursions à pied*, texte 4)

« Il y avait quelque chose de mystérieux dans sa façon d'être, **qui** faisait planer une terreur inconnue au milieu de la terreur ostensible que le gouvernement proclamait. » (*Robespierre vu par Mme de Staël*, texte 22)

« Et Tirouard voulut bien me conter son existence, une existence auprès de **laquelle** l'*Odyssée* du vieil Homère ne semblerait qu'un pâle récit de feu de cheminée. » (*Loufoquerie*, texte 32)

Dans *La recherche du temps perdu* de Marcel Proust (1871–1922), le narrateur essaie de retrouver son passé. Lorsque nous pensons à notre passé, des souvenirs s'attachent à d'autres souvenirs ou en génèrent d'autres. Proust a décrit ce processus mental d'agglutination de souvenirs en construisant de longues phrases articulées par de nombreux pronoms relatifs.

Au cours de l'activité suivante, vous allez affronter une phrase complexe de Marcel Proust.

Activité 10

1   Voici une phrase de Marcel Proust de 135 mots. Lisez-la d'abord pour en comprendre le sens.

2   Ensuite, soulignez les pronoms relatifs.

> « Enfin, en continuant à suivre du dedans au dehors les états simultanément juxtaposés dans ma conscience, et avant d'arriver jusqu'à l'horizon réel qui les enveloppait, je trouve des plaisirs d'un autre genre, celui d'être bien assis, de sentir la bonne odeur de l'air, de ne pas être dérangé par une visite: et, quand une heure sonnait au clocher de Saint-Hilaire*, de voir tomber morceau par morceau ce qui de l'après-midi était déjà consommé, jusqu'à ce que j'entendisse* le dernier coup qui me permettait de faire le total et après lequel le long silence qui le suivait semblait faire commencer, dans le ciel bleu, toute la partie qui m'était encore concédée pour lire jusqu'au bon dîner qu'apprêtait Françoise* et qui me réconforterait des fatigues prises, pendant la lecture du livre, à la suite de son héros. »

(Proust, M. (edn. 1971) *Combray*, London, Harraps, p. 131)

*Vocabulaire express

Saint-Hilaire reference to the church of the same name

j'entendisse imperfect subjunctive of *entendre*

qu'apprêtait Françoise which Françoise was preparing

Au cours de l'activité suivante, vous allez vous détendre tout en mettant à l'épreuve votre compréhension écrite.

Activité 11

Dans le paragraphe qui suit, nous avons mélangé deux textes différents. À vous de les séparer!

J'aime beaucoup les promenades qui n'ont pas de but particulier. Quand on est bien dans sa peau, tout vous paraît agréable ou du moins neutre. Ce sont celles qui me donnent le plus de satisfaction. Il suffit qu'on ne soit pas dans son assiette et notre environnement devient hostile. En effet, lorsqu'on n'a rien prévu, on est surpris sans cesse par tout ce qui apparaît devant soi. Que ce soit le mauvais temps qui semble pire que d'habitude, ou simplement les transports en commun qui sont toujours en retard dans ces moments-là. Au tournant d'un chemin, à l'extrémité d'un sentier boisé qui serpente dans la forêt, on est toujours surpris par un changement dans le paysage ou tout simplement par l'absence de tout changement. Sans parler des collègues qui ont l'air de vouloir vous ennuyer à tout prix.

Nous vous proposons maintenant une activité ludique qui vous permettra de renforcer votre maîtrise de l'emploi du pronom relatif.

Activité 12

Écrivez une phrase humoristique, la plus longue possible, en employant des pronoms relatifs, sur le modèle de celles qui suivent:

C'est l'homme qui a vu l'homme qui connaît la femme qui a identifié l'ours qui a mangé le saumon.

Je vous présente l'ami dont la sœur qui est infirmière aime le malade qui a un virus que personne ne connaît et qui a causé bien des soucis au docteur dont le cousin qui rentre du Pérou où il ne fait pas chaud en ce moment, a racheté ma vieille voiture.

Au cours de cette activité, vous allez mettre en pratique vos connaissances sur les pronoms relatifs en améliorant un passage.

Activité 13

Voici une histoire écrite par un écrivain débutant. Transformez ce texte en reliant, lorsque c'est possible, les phrases ou les idées entre-elles par des pronoms relatifs.

C'est l'histoire d'un fermier. Le fermier a des enfants. Les enfants veulent quitter la ferme. La ferme ne produit pas grand chose. Le vieux fermier essaie de convaincre les enfants de rester. Les enfants veulent quitter la ferme. Il réunit sa famille un soir et dit à ses enfants:

« Cultivez les terres pendant la bonne saison. La bonne saison va du printemps à la fin de l'été. Et, pendant la mauvaise saison, cherchez le trésor. Le trésor est enterré quelque part dans un champ. Malheureusement, je ne sais pas où est caché le trésor. Mon père a enterré le trésor dans un champ. » Chaque année, les enfants ont retourné la terre partout. Et chaque année, ils ont eu des récoltes magnifiques. Les récoltes les ont rendus très riches. Un jour, un fils a compris ce que leur avait dit le père. Le trésor, c'est le travail.

Maintenant, à vous d'exercer vos talents d'écrivain en composant un texte dans lequel, comme Marcel Proust, vous décrirez des souvenirs de jeunesse.

Activité 14

Écrivez un texte de 200 mots au plus dans lequel vous décrirez un moment agréable de votre jeunesse. Dans ce texte, vous vous efforcerez d'employer:

- des pronoms relatifs;
- des adjectifs qualificatifs;
- l'imparfait et le passé composé.

Section 4

By the end of this *section* you will have learned how to:

• write the paraphrase of a summary.

Vous allez mettre en pratique ce que vous avez appris au cours des trois sections passées.

Comme nous l'avons vu, on peut transformer un texte au moyen de synonymes ou d'antonymes. Au cours de cette section, vous allez consacrer votre temps à enrichir votre vocabulaire et à transformer des textes de manière à prendre de bonnes habitudes en vue d'améliorer votre façon d'aborder la rédaction en général et, en particulier, le résumé dans la partie consacrée aux *Grands projets*.

Au cours de l'activité suivante, vous allez reformuler un texte qui décrit une femme riche qui a tout abandonné pour suivre l'homme qu'elle aime.

Activité 15

Reformulez le passage suivant en remplaçant, lorsque c'est possible, chaque nom commun et chaque adjectif qualificatif par un synonyme.

> Je la contemplais, triste, surpris, émerveillé par la puissance de l'amour! Cette fille riche avait suivi cet homme, ce paysan. Elle était devenue elle-même une paysanne. Elle s'était faite à sa vie sans charmes, sans luxe, sans délicatesse; elle s'était pliée à ses habitudes simples. Et elle l'aimait encore. Elle était devenue une femme de rustre.
>
> (Maupassant, G. *Le bonheur*)

Reformuler un texte ou en faire une paraphrase, c'est se préparer au travail du résumé de texte que vous allez aborder dans *Grands projets*. C'est aussi un exercice qui vous permettra de réduire les risques de plagiat lors de la rédaction d'examens écrits, de travailler vos acquis et, finalement, de construire une réponse qui vous sera propre.

Au cours de l'activité suivante, vous allez reformuler un texte court.

Activité 16

Réécrivez le passage suivant de manière à le rendre méconnaissable par son auteur, tout en conservant son sens. Autrement dit, écrivez une paraphrase du passage à l'aide de synonymes.

> Les besoins primordiaux étant désormais assouvis, l'économie américaine a créé de nouveaux désirs, provoquant l'achat de produits superflus dont le prestige compte plus que la valeur réelle. La publicité entretient alors l'insatisfaction des individus pour leur proposer ensuite la consommation comme remède. Ainsi empêche-t-elle la révolte en offrant des changements dérisoires. Dans le domaine moral, elle a adhéré au bouleversement des valeurs: la promotion du plaisir et de la liberté a remplacé la valorisation du travail. Mais c'est un piège car cette liberté n'est que celle de consommer. La publicité devient alors une nouvelle aliénation.
>
> (Cahour, M. (1987) *Résumés et commentaires*, Paris, Bordas, pp. 77–8)

Au cours de l'activité suivante, vous allez composer un court texte pour exprimer votre opinion sur un dicton.

Activité 17

Écrivez un texte d'une centaine de mots environ pour donner votre commentaire personnel sur le dicton suivant: « bien dans sa peau, bien dans sa tête ».

Clefs en main

When you have completed your work on *Clefs en main*, you should be able to:

- understand the present, past and future tenses and their function in writing texts;

- alter the perspective of texts by changing verb tenses;

- understand the function of adverbs and complements in a written passage;

- improve written passages by using appropriate adverbs;

- complete a story line by adding detail;

- manipulate the active and passive voices;

- improve a written text by adding adverbs and changing tenses.

Section 5

By the end of this *section* you will have learned how to:

- alter the perspective of texts by changing the verb tenses.

Au cours de cette section, nous allons explorer le concept du **temps du verbe** et découvrir comment, en changeant le temps des verbes employés, un auteur peut changer la perspective de son texte pour créer un effet désiré. Nous allons nous concentrer en particulier sur les trois temps verbaux de base – le **présent**, le **passé** et le **futur de l'indicatif**.

Le verbe est l'élément essentiel de la phrase. Les verbes reçoivent des marques que l'on appelle 'terminaisons' (ou 'désinences') qui s'ajoutent à la fin du verbe et qui nous indiquent si le verbe est aux temps du présent, du passé ou du futur. Elles 'balisent' donc clairement le temps du verbe.

Si vous avez besoin de réviser les temps verbaux, consultez votre livre de grammaire avant de continuer.

Dans l'activité suivante, vous allez mettre à l'épreuve vos connaissances sur les temps des verbes.

Activité 18

Voici cinq extraits de textes qui démontrent l'emploi de temps verbaux différents.

1   Lisez attentivement les extraits qui suivent en vous concentrant sur le temps des verbes.

2   Dans chaque extrait un des temps verbaux est majoritaire et donne la perspective du temps où est situé le texte. Identifiez-le et justifiez son emploi.

TEXTE A

2001 Mars Odyssey aura donc fort à faire pour éclipser ces échecs. Si tout se passe comme prévu, le satellite devrait s'envoler du centre spatial Kennedy de Cape Canaveral (Floride) à 19 h 02 (heure de Paris). Trente et une minutes plus tard, Odyssey se séparera du dernier étage de la fusée Delta pour entamer son voyage solitaire vers Mars. Elle devra ensuite déployer ses panneaux solaires et orienter ses transmetteurs vers l'antenne géante qui, depuis Canberra, en Australie, permettra de suivre la première phase de son évolution. Le voyage interplanétaire, long de 460 millions de kilomètres, doit lui permettre de rejoindre la planète rouge le 24 octobre. Au cours de ce périple, elle allumera son moteur à cinq reprises afin de corriger sa trajectoire. Une fois mise en orbite, il lui faudra encore 76 jours et 273 passages dans la haute atmosphère martienne pour se 'circulariser' à 400 kilomètres d'altitude. Elle fera alors le tour de Mars en moins de deux heures.

(« La NASA lance une nouvelle sonde pour traquer l'eau sur Mars », *Le Monde*, 6 avril, 2001)

TEXTE B

« *Deux millions* », intervient immédiatement une voix dans la salle. Petit silence…

« *Cinquante de plus* », renchérit un autre candidat. De cent mille francs en cent mille francs, le prix monte jusqu'à 4 millions… Les choses commencent à devenir sérieuses. La bataille ne se joue plus qu'entre trois ou quatre candidats acheteurs. Les clercs du notaire prennent consciencieusement note de leur identité. Un léger brouhaha remue la salle. « *Je reprends les enchères* ».

(*La plus petite maison adjugée à Bruxelles 4,9 millions*)

TEXTE C

« Aujourd'hui j'ai beaucoup travaillé au bureau. Le patron a été aimable. Il m'a demandé si je n'étais pas trop fatigué et il a voulu savoir aussi l'âge de maman. J'ai dit une soixantaine d'années, pour ne pas me tromper et je ne sais pas pourquoi il a eu l'air soulagé et de considérer que l'affaire était terminée. »

(Camus, A. *L'étranger*, Methuen's Twentieth Century Texts, p. 42)

TEXTE D

La chaîne dominait l'atelier. Nous étions dans son commencement; elle finissait très loin de là, après avoir fait le tour de l'immense atelier. De l'autre côté de l'allée étaient les machines sur lesquelles travaillaient beaucoup d'hommes. Daubat me désigna une silhouette, la tête recouverte d'un béret, un masque protégeant les yeux, vêtue d'un treillis*, tenant d'une main enveloppée de chiffons une sorte de pistolet à peinture dont il envoyait un jet sur de petites pièces. C'était Lucien. De ma place, à demi cachée par les voitures qui passaient, je regardai attentivement les hommes qui travaillaient dans cette partie-là. Certains badigeonnaient, d'autres tapaient sur des pièces qu'ils accrochaient ensuite à un film. La pièce parvenait au suivant. C'était l'endroit le plus sale de l'atelier. Les hommes, vêtus de bleus tachés, avaient le visage barbouillé. Lucien ne me voyait pas*.

(Etcherelli, C. *Élise ou la vraie vie*, Methuen's Twentieth Century Texts, p. 113)

TEXTE E

Ils se retiraient dans leur chambre, j'entendais la voix de Marie-Louise chuchotante, celle de Lucien plus haute. Ils parlaient longuement.

Chaque après-midi, Henri arrivait vers une heure, s'asseyait simplement devant la porte, attendant que mon frère descendît [1]: d'autres fois, il faisait les cent pas dans la cour où l'arbre, vert comme jamais, tendait ses branches en parapluie sur les pavés secs. Nos fenêtres restaient ouvertes nuit et jour et nos murs séchaient. Lucien soupirait parfois quand il était avec son ami:

« Un jour, ce sera la vraie vie, on fera tout ce qu'on veut faire. »

(Etcherelli, C. *Élise ou la vraie vie*, Methuen's Twentieth Century Texts, p. 75)

[1] past subjunctive of *descendre*

Vocabulaire express

treillis overalls

ne me voyait pas couldn't see me

Dans les deux activités qui suivent vous allez identifier le temps des verbes et justifier leur utilisation. Puis, vous allez vous-même modifier le temps des verbes de deux de ces extraits de textes afin de mieux apprécier les changements de perspectives que cela entraîne. Exécutez votre travail selon les instructions ci-dessous.

Activité 19

1   Relisez le texte B et remplacez tous les verbes au présent (historique) par leur équivalent au passé composé.

2   Réfléchissez sur l'effet de ce changement de temps sur le texte, puis vérifiez vos hypothèses dans le corrigé.

3   Transformez le texte A en remplaçant tous les verbes au futur et au présent par leurs équivalents au passé composé.

4   Pensez à l'effet que vous avez produit sur le texte et vérifiez vos hypothèses dans le corrigé.

5   Si vous voulez, vous pouvez continuer à manipuler les verbes dans des extraits de votre choix. Prenez un paragraphe dans les textes qui accompagnent cette section et, en changeant le temps des verbes, apportez des changements de perspective. Analysez l'effet que vous avez produit. N'oubliez pas de changer les adverbes de temps si besoin est.

De temps en temps on trouve que l'avenir est déjà arrivé! Dans la prochaine activité vous allez imaginer que vous viviez au XIXe siècle et que vous étiez Jean Lavenir, rival fictif de Jules Verne.

Activité 20

Vous allez changer la perspective de « *Graine d'appétit* » (texte 5) pour le situer au XXIe siècle et montrer que vous pouvez faire mieux que Jules Verne en tant que prophète!

1   Lisez d'abord « *Graine d'appétit* » en entier, puis étudiez plus particulièrement l'extrait 'En entrant dans le restaurant' jusqu'à la fin du texte.

2   En mettant les verbes de cet extrait au futur, (et, si vous voulez, en ajoutant d'autres détails), situez le texte au XXIᵉ siècle du point de vue de Jean Lavenir. Commencez par la phrase suivante:

> Au XXIᵉ siècle en entrant dans beaucoup de restaurants, le client passera d'emblée devant…

Jusqu'ici vous avez manipulé les verbes et quelques adverbes dans des paragraphes et vous avez pu constater le changement de perspective que cette manipulation a apporté aux textes. Maintenant vous allez être plus ambitieux(-se) en tenant compte non seulement des temps verbaux mais aussi des détails du texte qui apportent leur contribution à l'ambiance créée par l'auteur.

Dans l'activité suivante, nous avons choisi Ce qui disparaît de Paris (texte 6) *pour vous montrer que les arguments pour et contre les supermarchés et les petits commerces ne changent pas beaucoup d'un siècle à l'autre.*

Activité 21

1   Lisez d'abord la deuxième section de *Ce qui disparaît de Paris* de 'Savez-vous quel est le prix de cette transformation?' jusqu'à la fin.

2   Transformez la perspective de cet extrait du texte, écrit en 1846, en le modernisant pour le situer au XXIᵉ siècle. Pour effectuer la transformation vous devrez:

*   mettre tous les verbes qui sont au présent au temps futur;

*   changer les adverbes de temps si besoin est;

*   moderniser les produits, les services et autres détails s'il en est besoin, pour situer l'article en l'an 2010;

*   changer les prix du XIXᵉ siècle en prix contemporains [euros et centimes].

Votre nouvel article sera intitulé « Ce qui se passera à Bordeaux au cours du XXIᵉ siècle » et vous commencerez avec la phrase suivante:

> Au XXIᵉ siècle, les hypermarchés et les supermarchés auront tué toutes les épiceries du coin et tous les magasins spécialisés au centre de nos villes.

3   Faites la comparaison entre votre article et celui de Balzac. Bien des années se seront écoulées entre les deux perspectives mais vous verrez que finalement « Plus ça change, plus c'est la même chose! »

Section 6

By the end of this *section* you will have learned how to:

*   enrich style by using adverbs and adverbial expressions;

*   embellish a narrative by indicating the time, manner, place, etc. through the addition of adverbs.

Au cours de cette section, nous allons aborder l'étude des **adverbes** et explorer la diversité de rôles et de fonctions qu'assument ces mots et ces locutions. Nous allons analyser leur rôle dans la phrase.

L'adverbe est un mot invariable qui permet de changer ou de modifier (en ajoutant une précision):

*   le sens d'un verbe:

Elle a couru **vite**. (adverbe de manière)

Il travaille **ici**. (adverbe de lieu)

Nous viendrons **demain**. (adverbe de temps)

Il dessine **d'une façon intéressante.** (locution adverbiale de manière)

*   le sens d'un adjectif:

Le fauteuil était **très** grand.

Il est **fort** courageux. (adverbes d'intensité)

*   le sens d'un autre adverbe:

… travailler **vraiment vite**.

… parler **très lentement**.

Elle a fait **beaucoup trop** de travail. (adverbes d'intensité)

Remarquez aussi que la position de l'adverbe dans la phrase permet de changer le sens de la phrase:

Doucement, elle a poussé la porte. (*Gently, she opened the door.*)

Elle a poussé la porte **doucement**. (*She opened the door gently.*)

En plus des adverbes de temps (e.g. 'maintenant'), de lieu (e.g. 'là-bas'), de manière (e.g. 'lentement') et d'intensité (e.g. 'très') on parle aussi dans les livres de grammaire des adverbes d'affirmation (e.g. 'oui', 'volontiers'); des adverbes de doute (e.g. 'peut-être') et des adverbes de négation (e.g. 'ne …pas').

Si vous voulez de plus amples renseignements sur les catégories d'adverbes, consultez votre livre de grammaire avant de continuer.

L'activité suivante va vous permettre de réviser ce que vous savez sur les adverbes.

Activité 22

1   Lisez attentivement l'extrait d'*Excursions à pied* (texte 4) reproduit ci-dessous et identifiez, en les soulignant, les adverbes qui modifient le sens de verbes, d'autres adverbes ou d'adjectifs. Vérifiez votre réponse dans le corrigé.

> Si l'on doit prendre des bagages, il faut un sac qui puisse se porter facilement sur le dos et, si léger qu'il soit, on ne saurait guère s'en charger, car la marche est déjà assez fatigante à elle seule. On a donc alors besoin d'un porteur, si l'on n'a pas un guide qui prenne le sac, ce qui renchérit notablement les excursions. Souvent il faut aussi des provisions de bouche et divers objets spéciaux, mais on doit se charger et s'embarrasser le moins possible.

2   Réécrivez le texte en supprimant tous les adverbes que vous avez identifiés. Que constatez-vous?

3   Remplacez les adverbes supprimés par d'autres adverbes de votre choix qui ont à peu près le même sens. (Utilisez votre dictionnaire, ou dictionnaire de synonymes pour vous aider, si besoin est.)

Dans l'activité suivante, vous allez pouvoir mesurer l'effet produit sur un texte lorsqu'on supprime les adverbes et les locutions adverbiales dont la majorité sont, cette fois, des adverbes de temps.

Activité 23

1   Lisez la version A composée à partir de l'extrait original d'où on a enlevé la plupart des adverbes et des locutions adverbiales.

VERSION A

> ### Dix ans plus tard: les trois concierges, que sont-ils devenus?
>
> Être concierge, qu'est-ce que cela veut dire? Chacun a sa propre idée là-dessus. Il suffisait de s'occuper d'un immeuble et des locataires, alors que le métier de concierge a dû s'adapter pour faire face aux changements sociaux et technologiques de la vie moderne. […] Voici […] Madame Martinet, la concierge type des romans de Georges Simenon. Madame Martinet a soixante-quinze ans. Elle quittera sa loge, alors que cela ne lui serait jamais venu à l'esprit. […]

2   Maintenant complétez le texte de la version B à l'aide des mots de l'encadré. Utilisez chaque mot une fois seulement.

VERSION B

> Être concierge, qu'est-ce que cela veut dire (1) _____? Chacun a sa propre idée là-dessus. (2) _____ , il suffisait de s'occuper d'un immeuble et des locataires, alors qu'(3) _____ le métier de concierge a dû s'adapter pour faire face aux changements sociaux et technologiques de la vie moderne. […] Voici […] Madame Martinet, la concierge type des romans de Georges Simenon. Madame Martinet a (4) _____ soixante-quinze ans. (5) _____ , elle quittera sa loge, alors qu'(6) _____ cela ne lui serait jamais venu à l'esprit. […]

(*Espaces 1*, p. 153)

> maintenant • exactement • autrefois •
> dans deux jours • actuellement •
> autrefois

Au cours de l'activité suivante, vous allez travailler sur des adverbes, tout en tenant compte du sens d'un texte.

Activité 24

1   Lisez attentivement le passage qui suit. Dans les endroits indiqués, les adverbes ont été supprimés.

2   Essayez, d'après le sens du texte, de retrouver les adverbes et les locutions adverbiales qui ont été supprimés. Nous avons laissé, et souligné, quelques adverbes pour vous aider.

Quatre spéléologues bloqués dans le trou du Regaï

Les quatre spéléologues qui ont
(1) _____ disparu <u>dimanche soir</u> dans le trou du Regaï <u>tout</u> près de Toulon, n'ont
(2) _____ pas donné signe de vie <u>hier après-midi</u>. Une vingtaine de spéléologues, de plongeurs et de pompiers sont (3) _____ sur place, mais temporairement ils ne peuvent pas intervenir, le site étant (4) _____ inondé. La grotte utilisée (5) _____ pour des sorties d'initiation est présentée par les spécialistes comme <u>facilement</u> accessible. <u>Néanmoins</u> cette grotte n'est accessible (6) _____ que par beau temps. Hier après-midi les plongeurs hésitaient (7) _____ à descendre dans le trou, duquel l'eau jaillissait (8) _____ à grands flots. (9) _____ ils espèrent (10) _____ pouvoir retrouver les jeunes gens, qui semblent s'être lancés dans l'aventure sans prendre (11) _____ de précautions.

3   Comparez ce que vous avez écrit avec la version originale qui se trouve dans le corrigé et analysez les différences qui existent entre les deux textes. Vous avez sans doute choisi d'autres adverbes qui sont aussi valables, mais posez-vous les questions suivantes:

- Vos adverbes, sont-ils en accord avec le temps des verbes?

- Vos adverbes, sont-ils aussi descriptifs?

- Vos adverbes, sont-ils aussi évocateurs?

Au cours de l'activité suivante, vous allez reformuler un texte et changer sa perspective historique.

Activité 25

Pour terminer le travail effectué au cours de cette section, vous allez relire *Excursions à pied* (texte 4) qui a été reproduit dans un *Guide Baedeker* de 1901. Vous allez rédiger un article humoristique dans lequel vous donnerez des conseils à des randonneurs du XXIᵉ siècle. Cette fois, cependant, la randonnée sera du type « Randonnées pour les pantouflards » où on passe la nuit à l'hôtel et où les bagages sont transportés d'hôtel en hôtel chaque jour par les organisateurs.

Pour ce faire:

- écrivez entre 250 et 350 mots et faites un pastiche humoristique de la version originale;

- modernisez les conseils, les vêtements et l'équipement;

- utilisez autant d'adverbes que possible.

Section 7

By the end of this *section* you will have learned how to:

- change texts from passive to active voice and vice versa;

- alter the perspective of texts by using the active voice and the passive.

Nous allons maintenant examiner de près la **voix passive** du verbe et la comparer avec la **voix active**. Ces deux constructions représentent deux façons d'exprimer les mêmes idées, mais l'emploi de la voix passive dans une phrase nous permet de changer son emphase: la voix active place l'emphase sur le **sujet**, alors que la voix passive place l'emphase sur l'**objet** de l'action. C'est donc le sujet de la phrase qui est alors 'inactif.' Il en résulte encore une sorte de changement de perspective. Par exemple:

> La particularité de ce « libre-service assisté » a attiré la clientèle. [voix active]

> La clientèle a été attirée par la particularité de ce « libre-service assisté ». [voix passive]

La construction de la voix passive a plusieurs caractéristiques:

- Le verbe est toujours conjugué avec le verbe auxiliaire 'être' + le participe passé, quel que soit le temps et donc le participe passé s'accorde toujours avec le sujet de la phrase.

- Seuls les verbes qui peuvent être suivis par des objets directs peuvent être mis au passif.

- Les **verbes intransitifs**, qui n'ont pas de **compléments (objets) directs**, ('rire', etc.) et les verbes qui n'ont que des **compléments (objets) indirects** ('penser à', 'demander à', 'téléphoner à', etc.) ne peuvent pas se mettre au passif.

Si vous voulez réviser davantage vos connaissances sur la voix passive et la formation des temps du passif, consultez votre livre de grammaire avant de continuer.

Les cinq activités qui suivent vont vous donner l'occasion de réviser ce que vous savez sur la voix passive.

Activité 26

Pour voir comment changer la perspective des phrases suivantes, vous allez transformer les phrases à la forme active dans cette activité en phrases à la forme passive. N'oubliez pas de faire aussi les autres modifications nécessaires.

Exemple

> La concierge type des romans de Simenon notait tous les détails de la vie privée des habitants de l'immeuble. [voix active]

> Tous les détails de la vie privée des habitants de l'immeuble étaient notés par la concierge type des romans de Simenon. [voix passive]

À vous maintenant de continuer:

(a) Les concierges ont souvent aidé l'inspecteur Maigret.

(b) Yves Gonnard a commencé le projet.

(c) Les propriétaires installeront bientôt un système électronique de surveillance dans l'immeuble.

(d) La boutique a tué toutes les industries 'sub dio'.

(e) Le patron du restaurant offre plusieurs plats du jour à ses clients.

Activité 27

En employant la voix passive, il est possible aussi de ne pas préciser qui fait l'action, donc de rendre l'action 'impersonnelle'.

Exemples

> Noyou, ville médiévale, a été entièrement rebâtie.

> Les façades ont été reconstruits pour effacer les traces de la guerre.

Créez des phrases où l'action est 'impersonnelle' en employant le vocabulaire suivant et en mettant les verbes à la voix passive aux temps indiqués.

Exemple

> La tour Eiffel – repeindre – tous les cinq ans. (au présent)
> La tour Eiffel est repeinte tous les cinq ans.

À vous maintenant de continuer:

(a) La construction de la bibliothèque – terminer – en l'an 2020. (au futur)

(b) Le nouveau maire de Paris – élire – au mois de mars. (au passé composé)

(c) La Pyramide - installer – malgré des protestations de certains – dans la Grande Cour du Louvre. (au passé composé)

(d) L'Opéra de la Bastille – construire – au cours du premier septennat de François Mitterrand. (au passé composé)

(e) Les pièces de théâtre de Molière – jouer – plusieurs fois par an au XVIIᵉ siècle. (à l'imparfait)

Activité 28

Assez fréquemment en français on préfère d'autres tournures que la voix passive quand la phrase ne comporte pas d'objet. On peut employer un verbe à la voix active avec, pour sujet, le pronom 'on' pour créer le même effet:

Exemples

Au début on a installé des caméras pour surveiller la circulation.

On a mis des caméras dans les centres commerciaux.

Faites des phrases à la voix active, avec pour sujet le pronom 'on', en employant le vocabulaire suivant et le temps indiqué.

Exemple

Des caméras – réclamer – devant les collèges et les lycées. (au passé composé)

On a réclamé des caméras devant les collèges et les lycées.

À vous maintenant de continuer:

(a) Ce style d'architecture – appeler – « façadisme ». (au passé composé)

(b) Une urbanisation à l'américaine – créer – régulièrement. (à l'imparfait)

(c) Maintenant – pratiquer – l'opposé de ce qui s'est passé autrefois. (au présent)

(d) Des caméras – exiger – sur les stades. (au futur)

Activité 29

Alternativement on pourrait aussi employer un **verbe pronominal (réflexif)**:

Exemples

« Graine d'appétit » s'est implanté à Nantes.

D'autres actions se sont vite développées.

Faites des phrases à la voix active, en employant le vocabulaire suivant et en mettant le verbe à la forme pronominale et au temps indiqué.

Exemple

Les caméras – multiplier – rapidement dans le paysage urbain. (au présent)

Les caméras se multiplient rapidement dans le paysage urbain.

À vous maintenant de continuer:

(a) Les robots pour faire des tâches ménagères – acheter – très cher. (au futur)

(b) Cela – dire – souvent dans le temps. (à l'imparfait)

(c) Le théâtre – vider – rapidement à l'entr'acte. (au passé composé)

(d) Les téléphones mobiles – vendre – comme des petits pains. (au présent)

Activité 30

En vous inspirant de *La vidéo-surveillance* (texte 9) rédigez une lettre ouverte de 150 à 200 mots où vous décrivez le développement de la vidéo-surveillance dans un village, une ville ou une région que vous connaissez.

Pour créer une perspective impersonnelle dans votre lettre, employez la voix passive, des verbes avec le pronom 'on' et des verbes pronominaux. Dans la dernière partie de votre lettre, exprimez votre point de vue personnel sur la question en utilisant la voix active avec 'je'.

Pour vous préparer, soulignez les exemples de l'emploi des trois constructions 'impersonnelles' dans le texte (la voix passive, 'on' + verbe à la voix active, l'emploi de verbes pronominaux).

Section 8

By the end of this *section* you will have learned how to:

• enrich the style and language of a text that has been reduced to a minimalist version;

• write a personal text.

Nous allons réviser maintenant et mettre en pratique ce que vous avez appris au cours des trois sections précédentes. Comme nous l'avons vu plus haut, on peut parfois enrichir un texte ou transformer sa perspective en utilisant des adverbes et en employant des constructions ou des 'voix' différentes. Vous allez donc consacrer cette semaine à changer et à enrichir un texte à partir d'une version de base proposée.

Dans l'activité suivante vous allez lire un paragraphe composé de phrases très simples. À vrai dire ce paragraphe n'a aucun intérêt stylistique. Le paragraphe manque de tout, y compris de détails sur tout ce qu'offre cette ville à ses habitants et à ses visiteurs. Il n'attirera donc pas des foules de touristes à Grenoble, à moins que vous n'y ajoutiez votre touche stylistique personnelle!

Activité 31

1   Lisez le paragraphe ci-dessous en réfléchissant comment on pourrait rendre la description de Grenoble plus intéressante en y ajoutant adjectifs, adverbes et constructions verbales et ainsi attirer des touristes dans cette ville.

> Grenoble est une grande ville. On y trouve de la nature, de la culture, des sports et des loisirs. Grenoble est capitale des Alpes. Elle bénéficie d'un bon environnement. Elle était ville olympique en 1968. On peut pratiquer beaucoup d'activités à Grenoble. C'est une ville pionnière.

2   Voici le texte original. Lisez-le pour vous rappeler tout ce qu'offre cette jolie ville au cœur des Alpes. Remarquez aussi le style plus riche et réfléchissez sur les caractéristiques qui contribuent à cette richesse.

Des idées, Grenoble en a toujours eues. Pionnière, Grenoble l'a toujours été. Son industrie, sa recherche, son université et sa culture en témoignent. Terre d'Envol, Europole Grenoble renforce l'esprit d'entreprise de la capitale des Alpes et accélère l'avancée de Grenoble dans l'économie européenne.

UNE VILLE OUVERTE SUR LE MONDE

Grenoble n'a pas attendu l'Europe pour s'ouvrir sur l'international. Sa situation géographique privilégiée favorise les échanges. Si TGV, avions et autoroutes se croisent à Grenoble c'est parce que les hommes et les femmes qui vivent ici ont depuis longtemps l'esprit ouvert sur le monde.

UNE VILLE QUI FAIT PARLER D'ELLE

À Grenoble tous les talents ont les moyens de s'exprimer et d'être performants. Pole universitaire européen, la ville accueille 40 000 étudiants et 10 000 enseignants. Second pole de recherche après Paris, avec 8 000 chercheurs et des centres de recherche internationaux dont le CNET, le CNRS, le CENG, l'Institut Laue Langevin, le Synchrotron... Enfin, Grenoble a été choisie par de grandes sociétés nationales et internationales: Allibert, Merlin Gerin, Cap Gemini Sogeti, Caterpillar, Hewlett-Packard, Becton-Dikinson, Rossignol, Teisseire, Nerpic Alsthom, Sogreah, Bull...

UNE VILLE QUI SE PASSIONNE

Entre nature et culture, sports et loisirs, Grenoble est une ville de passions. Capitale des Alpes, elle bénéficie d'un environnement exceptionnel, la montagne et ses lacs, ses stations, ses terrains de golf... Ville olympique en 1968, Grenoble a hérité de la passion du sport et offre des infrastructures permettant de pratiquer toutes les activités. Ville culturelle, ses musées, ses théâtres, sont les centres de créations multiples. En 1993, Grenoble accueillera un Musée d'Intérêt National. Aujourd'hui, elle bénéficie de la renommée de 'Cargo' sa Maison de la Culture, et du 'Magasin' son Centre National d'Art Contemporain.

(*Espaces 1*, p. 134)

3   Maintenant réécrivez la première version du passage ci-dessus de manière à le rendre plus intéressant du point de vue linguistique et factuel. Écrivez un texte de 100 mots à peu près.

Au cours de l'activité suivante, vous allez faire un travail plus soutenu en reformulant un texte.

Activité 32

Maintenant pour vous entraîner d'avantage, reformulez au passé ce que dit Françoise Lambert dans *Les vieilles façades ont la peau dure* (texte 8).

Pour ce faire:

(a) En supprimant le rôle d'Urbain Dufresne, réduisez le texte d'abord à 300 mots à peu près en employant les techniques que vous avez apprises pendant les sept sections précédentes.

(b) Relisez et révisez votre texte reformulé et enrichissez votre travail en y ajoutant des adverbes et des locutions adverbiales. Restez toujours en dessous de 350 à 375 mots.

(c) Pour enrichir et raffiner votre texte encore plus vous pouvez aussi changer quelques constructions verbales et chercher des synonymes aux noms, aux adjectifs, etc.

Expression artistique

When you have completed your work on *Expression artistique*, you should be able to:

* produce sentences starting from their basic elements (noun + verb +…);

* improve a written passage by using connectors (link words);

* simplify a written text;

* write a text using elements gathered in note form;

* structure a well-planned essay.

Section 9

By the end of this *section* you will have learned how to:

* write simple and complex sentences using conjunctions;

* recognize how a sequence of sentences, which create a logical argument within a paragraph, can be signalled to the reader or listener.

Au cours de cette section nous allons réviser ce que vous savez de la structure de la **phrase** (*sentence*) et des éléments qui la constituent, y compris les **propositions principales** (*main clauses*) et les **propositions subordonnées** (*subordinate clauses*). Nous allons ensuite passer à la rédaction du **paragraphe** et examiner de près sa structure et la suite des idées qu'il contient. Finalement, nous allons nous concentrer sur la cohésion et la structure d'un texte et sur l'importance d'organiser ces idées selon un plan rigoureux. C'est ce plan qui facilite la compréhension des intentions ou des opinions d'un auteur.

La phrase simple se compose de deux éléments de base – le sujet et le verbe – auxquels on peut ajouter un ou plusieurs compléments, comme par exemple un objet ou une locution adverbiale.

Exemples

Le ventriloque chante.

Le ventriloque chante fort.

Le ventriloque chante fort dans la rue.

Le ventriloque chante fort dans la rue en buvant un verre de vin.

Également une phrase est considérée comme 'simple' quand il y a deux ou trois propositions qui sont coordonnées par des connecteurs (ou 'mots charnières') appelées 'conjonctions de coordination', comme 'mais', 'et', 'ou', 'car', 'donc', 'or':

Il était sur la scène et il a bien joué son rôle.

ou quand les propositions sont simplement juxtaposées:

Elle ne pouvait pas jouer ce soir-là, elle était malade.

Par contre, la phrase 'complexe' se distingue par la présence de deux ou de plusieurs propositions qui sont liées par des connecteurs appelés 'conjonctions de subordination', comme 'que', 'quand', 'lorsque', 'bien que', 'alors que', 'pour que', ' parce que', 'comme', 'si', etc.

La vedette de cinéma **que** j'ai vue hier gagne une fortune.

Mon ami m'a demandé **si** je voulais l'accompagner au cinéma ce soir.

Dans la phrase 'Il était dans la rue et il a salué son ami' les deux propositions sont coordonnées par le connecteur 'et' mais elles peuvent exister séparément sans modification.

Par contre, quand les deux phrases suivantes sont mises dans une seule phrase, il faut en modifier une:

> La vedette de cinéma gagne une fortune. J'ai vu la vedette de cinéma hier.

> <u>La vedette de cinéma</u> que j'ai vue hier <u>gagne une fortune</u>.

La proposition soulignée n'a pas été modifiée – c'est donc la proposition principale; la proposition qui commence par le pronom relatif 'que' n'existe maintenant que par rapport à la proposition principale – c'est donc la proposition subordonnée. Souvenez-vous néanmoins que la complexité d'une phrase n'est pas toujours un avantage – souvent une phrase simple est plus percutante qu'une phrase complexe.

À partir d'une phrase simple qui ne comporte que 'sujet + verbe + complément', il est possible de construire une phrase beaucoup plus détaillée et riche en vocabulaire. Par exemple, si on enrichit la phrase archi-simple:

> Elle est entrée sur la scène.

en substituant un nom au pronom, en cherchant des synonymes, en ajoutant un adverbe au verbe et en ajoutant un adjectif au nom, elle peut être transformée en une phrase toujours simple, selon notre définition, mais tout de même plus détaillée:

> La jeune comédienne a fait son entrée doucement sur la grande scène de théâtre.

Par contre, pour en faire une phrase complexe, il faut ajouter des propositions subordonnées, en employant des conjonctions ou des pronoms relatifs:

> La jeune comédienne, bien que plus connue comme vedette de cinéma, a bien réussi son entrée doucement sur la scène de théâtre où elle a rapidement conquis les spectateurs.

On peut bien continuer à rendre la phrase même plus complexe en ajoutant d'autres connecteurs, des propositions subordonnées et davantage de détails:

> La jeune comédienne qui jouait le rôle principal dans la pièce de Molière, bien que plus connue comme vedette de cinéma puisqu'elle y a déjà remporté beaucoup de succès, a fait une entrée remarquée sur la scène de théâtre à Paris où elle a rapidement conquis les spectateurs ravis de son talent.

L'activité qui suit est un exercice d'entraînement qui vous encourage à créer des phrases simples et des phrases complexes et où vous pourrez appliquer ce que vous avez appris dans les sections précédentes, concernant l'emploi d'adjectifs et d'adverbes, de pronoms relatifs sans oublier les synonymes. Évidemment c'est un exercice assez ludique et vous n'allez pas forcément créer des chefs d'œuvres de style. Ce travail est plutôt destiné à vous sensibiliser aux possibilités que chaque phrase peut vous offrir.

Activité 33

1   Prenez une feuille de papier et expérimentez vous-même de la même façon avec la phrase 'Elle est entrée sur la scène'. Commencez au milieu de la page pour pouvoir ajouter des propositions subordonnées en vrac et à votre gré.

2   Voici d'autres suggestions de phrases que vous pouvez enrichir de la façon proposée ci-dessus. Adoptez la perspective indiquée entre parenthèses et pensez aux circonstances – où? quand? comment? avec qui? pourquoi?

(a) Je n'ai pas aimé la pièce de théâtre. [négative]

(b) La star se tenait sans rien dire sur le plateau du film. [sympathie]

(c) Mon ami est arrivé à l'improviste. [mauvaise surprise]

(d) L'écrivain venait de publier son dernier polar[1]. [critique]

(e) L'auteur a expliqué comment il crée ses intrigues. [curiosité]

Maintenant vous allez renforcer votre appréciation de la différence qui existe entre les phrases dites 'simples' et les phrases dites 'complexes'.

Activité 34

En cherchant les continuations de phrase dans *Jeanne Moreau en habit vert – rencontre avec une immortelle* (texte 10) complétez les débuts de phrases suivants en deux versions – en structure simple et en structure complexe.

[1] *roman policier* – crime novel

Exemple

Toute vie est une recherche d'harmonie et la créativité féminine est complémentaire de la créativité masculine. (simple)

Toute vie est une recherche d'harmonie, ce qui implique que la présence féminine est donc essentielle. (complexe)

(a) Mon père était hôtelier-restaurateur à Vichy…

(b) Ma mère a abandonné son métier…

(c) J'ai dû écrire un discours d'acceptation à l'Académie…

(d) J'ai toujours été curieuse…

(e) Le temps était venu d'être autonome…

Un paragraphe est constitué de plusieurs phrases liées à une suite d'idées. Un paragraphe bien organisé:

- commence par une ou deux phrases qui attirent l'attention du lecteur ('l'incipit');

- continue avec la suite de l'argument, des faits;

- se termine par une phrase qui mène le lecteur au prochain paragraphe ('l'excipit').

Pour construire un argument en un ou plusieurs paragraphes il est important de suivre une logique dans les idées afin que le lecteur puisse comprendre la thèse ou la description qui sont présentées.

Voilà un exemple de paragraphe où l'auteur suit une logique dans ses idées pour arriver à une conclusion qu'il veut logique. Il s'agit d'une analyse des origines du meurtre de l'amiral Coligny juste avant le massacre de la Saint-Barthélémy en 1572, au cours duquel des Huguenots (des Protestants) ont été massacrés à Paris. L'extrait est tiré de la *Chronique du règne de Charles IX*, de Prospère Mérimée et a été choisi parce que l'auteur balise (*signals*) clairement la suite de ses arguments, en employant certaines phrases, aussi bien que des connecteurs et des locutions adverbiales. Pour vous aider à reconnaître ces balises, nous les avons soulignées.

Ainsi, tout me paraît prouver que ce grand massacre n'est point la suite d'une conjuration d'un roi contre une partie de son peuple. La Saint-Barthélémy me semble l'effet d'une insurrection populaire qui ne pouvait être prévue, et qui fut improvisée[1].

Je vais donner en toute humilité mon explication de l'énigme. Coligny avait traité trois fois avec son souverain de puissance à puissance: c'est une raison pour en être haï. Jeanne d'Albret morte, les deux jeunes princes, le roi de Navarre et le prince de Condé étant trop jeunes pour exercer une influence, Coligny était véritablement le seul chef du parti réformé. À sa mort, les deux princes, au milieu du camp ennemi, et pour ainsi dire prisonniers, étaient à la disposition du roi. Ainsi la mort de Coligny, et de Coligny seul, était importante pour assurer la puissance de Charles, […]. Mais, si du même coup le roi se débarrassait de l'amiral [Coligny] et du duc de Guise, il est évident qu'il devenait le maître absolu. Voici le parti qu'il dut prendre: ce fut de faire assassiner l'amiral [Coligny], ou, si l'on veut, d'insinuer cet assassinat au duc de Guise, puis de le faire poursuivre comme meurtrier, annonçant qu'il allait l'abandonner à la vengeance des Huguenots.

(Mérimée, P. (edn. 1969) *Chronique du règne de Charles IX*, London, Harraps, p. 63)

Au cours de l'activité suivante, vous allez analyser un texte du point de vue de son organisation logique.

Activité 35

1   Lisez le texte qui suit.

Le doublage est un mal nécessaire

Si le doublage existe, c'est parce que les gens ont envie de voir des films étrangers au cinéma et des programmes étrangers à la télévision. Et ils ont bien raison. Nous vivons tous dans un monde multiculturel, et notre vie serait certainement appauvrie, si nous ne connaissions que la culture de notre propre pays.

Ceci dit, est-ce que le doublage est le meilleur moyen de faire connaître les films et les programmes étrangers à un public qui, forcément, ne parle pas toutes les langues? On pourrait dire, par exemple, que quand le doublage est bien fait par de bons acteurs, on

---

[1] These two sentences – which 'hook' the reader into the argument – could equally well have appeared at the end of the paragraph, since they provide a conclusion to the matter under discussion.

est à peine conscient du fait que le film est doublé. Malheureusement, ce n'est pas toujours le cas, et un mauvais doublage avec une mauvaise synchronisation des voix peut très facilement empêcher les spectateurs d'y prendre plaisir.

Quelle autre possibilité existe-t-il? Bien entendu, il y a le sous-tirage, mais certains objectent, avec raison, que les soustitres sont parfois difficiles à lire, surtout à la télévision, et que, en les lisant, on suit mal l'action qui se passe à l'écran.

Que faire, donc? Évidemment, il n'y a pas de solution parfaite. Mais si l'on veut continuer à voir des films étrangers, il faut accepter soit le doublage soit le sous-tirage. Ce sont l'un et l'autre des maux qui sont nécessaires à notre plaisir et à notre instruction culturelle.

2 Faites la liste des balises qui vous aident à suivre la logique de l'argument qui est cette fois exprimée en quatre paragraphes. Nommez en même temps la fonction de chacun des quatre paragraphes du texte par rapport à la suite des idées – introduction, conclusion, etc.

Section 10

By the end of this *section* you will have learned how to:

* add conjunctions to and take conjunctions from various texts;

* alter styles and perspectives.

Au cours de la section 9 vous avez étudié les différentes structures des phrases, la différence qui existe entre deux catégories de conjonctions et l'importance de l'enchaînement logique d'idées dans un paragraphe. Dans cette section vous allez vous concentrer sur les aspects stylistiques des connecteurs qui vous fournissent un moyen d'enrichir et de rendre plus cohérent votre style. Ces connecteurs sont aussi un outil qui vous permet de bien baliser l'organisation de vos idées dans une phrase et dans un paragraphe. Vous allez aussi voir comment les écrivains exploitent souvent les différences entre les structures pour créer une variété de styles et d'effets dramatiques en juxtaposant des phrases longues et courtes, et des phrases simples et complexes.

Dans cette activité vous allez faire une analyse des effets que les connecteurs et les différences de longueur des phrases produisent sur le style d'un passage.

Activité 36

1 Lisez l'article qui suit et qui a été sélectionné en vertu de la variété des styles qu'il contient.

La peur du grand méchant loup

Bergers et chasseurs demandent au ministère de l'Environnement d'évacuer les loups du parc national du Mercantour.

1 Officiellement, ils sont dix. Les premiers loups, repérés il y a trois ans dans le Mercantour, sont venus d'Italie, attirés en France par l'abondance du gibier: mouflons, chamois... et brebis. Plus de 80 000 ovins passent l'été dans la montagne. L'an dernier, plus d'une centaine (135 selon le parc national, 172 selon les éleveurs) ont été tués par les loups.

2 En principe, le propriétaire est indemnisé. Mais c'est long et souvent difficile de prouver que le prédateur n'était pas un chien errant. Avec l'arrivée des premiers transhumants, l'inquiétude gagne l'arrière-pays niçois et la rumeur enfle. Les loups seraient au moins cinquante et auraient été introduits volontairement par les responsables du parc. Des affichettes fleurissent au bord des chemins « Attention, loups. Promenade déconseillée. »

3 Éleveur, Louis Ascensi est excédé. « Je n'arrive pas à trouver un berger. C'est dur de dormir près du troupeau, de se lever six fois par nuit et, le matin, de compter les bêtes égorgées. Il faut choisir les loups ou les bergers. »

4 Mais, Geneviève Carbone, qui prépare une thèse sur cet animal, explique, « Les bergers ont oublié: ils ont l'impression qu'avant c'était idyllique, et qu'aujourd'hui, à cause de la présence du loup qui bouleverse leur manière de travailler, c'est l'enfer. Si l'on veut protéger le loup, il faut y mettre le prix. Lâcher des cervidés pour rassurer les chasseurs, indemniser

sans discuter les propriétaires pour chacune des brebis tuées, et améliorer les conditions de travail des bergers, en construisant des cabanes et en améliorant l'adduction d'eau. »

5 Et surtout, les aider à protéger les troupeaux. L'an passé, le parc a donné à l'un d'entre eux un couple de chiens pastou, seule race qui n'a pas peur d'attaquer les loups. Résultats: cinq bêtes tuées, contre une trentaine l'année précédente. Il faudrait équiper d'autres bergers. Mais former les chiens prend du temps. Pour cet été, c'est déjà trop tard.

(*Infomatin, Sodepresse*)

2   Faites une analyse de ce texte selon les consignes suivantes:

   (a) Cherchez les phrases qui commencent par une conjonction de coordination.

   (b) Cherchez les 'phrases' qui ne contiennent pas de verbe conjugué.

   (c) Comptez le nombre de phrases que le reporter a écrites et calculez la longueur moyenne de chaque phrase (le nombre de mots utilisés divisé par le nombre de phrases).

   (d) Comptez le nombre de phrases employées par les deux interviewés (Ascensi et Carbone) et calculez-en la longueur moyenne.

3   Relisez les paragraphes 1, 2 et 5 de l'article. Ce sont les paragraphes qu'a rédigés le reporter lui-même dans l'article.

4   Réduisez le nombre de phrases à un maximum de six en introduisant des connecteurs et augmentez la longueur moyenne des phrases que vous créez. De cette façon vous allez mieux voir combien ce processus change le style du texte et le rend moins journalistique – et peut-être aussi moins efficace.

Voici un extrait du livre Combray, *par Marcel Proust qui fait partie de son œuvre* À la recherche du temps perdu. *Proust a la réputation d'écrire de très longues phrases, en fait le contraire du style 'reportage'. C'est peut-être pour cette raison que le texte donne une impression de rêverie et de souvenirs perdus. Cette fois vous allez faire le contraire de ce que vous avez fait dans l'activité 36 – c'est-à-dire, que vous allez augmenter le nombre de phrases de l'extrait (il n'y en a que deux!) de manière à rendre le texte plus facile à comprendre pour le lecteur.*

Activité 37

1   D'abord lisez le texte.

Et dès que j'eus reconnu le goût du morceau de madeleine trempé dans le tilleul que me donnait ma tante […], aussitôt la vieille maison grise sur la rue, où était sa chambre, vint comme un décor de théâtre s'appliquer au petit pavillon donnant sur le jardin, qu'on avait construit pour mes parents sur ses derrières […] ; et avec la maison, la ville, la Place où on m'envoyait avant déjeuner, les rues où j'allais faire des courses depuis le matin jusqu'au soir et par tous les temps, les chemins qu'on prenait si le temps était beau. Et comme dans ce jeu où les Japonais s'amusent à tremper dans un bol de porcelaine rempli d'eau de petits morceaux de papier jusque-là indistincts qui, à peine y sont-ils plongés s'étirent, se contournent, se colorent, se différencient, deviennent des fleurs, des maisons, des personnages consistants et reconnaissables, de même maintenant toutes les fleurs de notre jardin et celles du parc de M. Swann, et les nymphéas et la Vivonne, et les bonnes gens du village et leurs petits logis, et l'église et tout Combray et ses environs, tout cela qui prend forme et solidité, est sorti, ville et jardins, de ma tasse de thé.

(Proust, M. (edn. 1971), *Combray*, London, Harraps)

2   Divisez-le en phrases abordables en supprimant les connecteurs comme les pronoms relatifs et les adverbes de temps.

3   Construisez vos nouvelles phrases plus simples en faisant les changements nécessaires.

Pour terminer cette section vous allez jouer le rôle d'un(e) journaliste sans scrupules qui veut faire croire à son patron que c'était lui/elle qui a interviewé une actrice célèbre.

Activité 38

1   Relisez l'interview (texte 10) avec la journaliste Émmanuèle Frois du *Figaro* depuis le début jusqu'à la phrase 'Toute ma vie, j'ai voulu prouver à mon père que j'avais raison'.

2   Changez-en la perspective et le style en transposant l'interview en discours indirect. N'oubliez pas d'y apporter d'autres éléments de style que vous avez étudiés jusqu'à ce point. (e.g. la voix active/passive, etc).

Si vous voulez réviser comment faire le discours direct et indirect, consultez votre livre de grammaire.

Section 11

By the end of this *section* you will have learned how to:

- produce the introduction and conclusion of a text;

- write the plan of a text (introduction + middle + conclusion).

Au cours de la section précédente vous avez pu vous rendre compte du poids des connecteurs sur le style d'un texte. Vous avez aussi examiné l'importance de l'organisation des idées dans un paragraphe. Maintenant vous allez vous concentrer sur la cohésion et la structure d'un texte entier. Nous vous recommandons de faire systématiquement les activités qui suivent parce qu'elles sont structurées de telle façon qu'elles vous mèneront de la construction d'un plan simple à la rédaction complète d'un texte.

La cohésion et la structure d'un texte

Il y a diverses sortes de plans – ou stratégies – pour vous aider à donner de l'ordre à vos idées. Par exemple:

- des plans pour classer des idées que vous avez découvertes en faisant des recherches dans le but de répondre à une question;

- des plans linéaires qui mènent à la description d'un déroulement de faits logiques du début à la fin;

- des plans qui confrontent deux notions afin de conduire à leur comparaison.

Toutefois, dans le contexte de ce cours, vous allez examiner en priorité comment faire des plans pour faciliter une discussion.

Le plan – la structure de base

Le plan de base présente, décrit et analyse un thème, une idée ou une série d'événements. La structure se compose donc normalement de trois parties:

- une introduction;

- un conflit entre un 'pour' et un 'contre';

- une conclusion.

Le plan – l'introduction

L'introduction sert à présenter la discussion. Dans le contexte d'une dissertation écrite, il y a un chemin à suivre qui se compose de plusieurs éléments de base. D'abord, on présente au lecteur:

- l'idée générale qui va être discutée; en définissant les termes du sujet par exemple;

- ensuite, le point de vue à débattre et les problèmes à résoudre;

- finalement, on annonce le plan qui sera suivi où selon le cas on continue de poser des questions (Reste à savoir si...).

Il importe aussi d'éveiller l'intérêt du lectorat ou de l'auditoire, ce qui est d'autant plus pertinent quand il s'agit d'un discours ou d'une présentation orale. Bref, il faut attirer l'attention du public ciblé, ou dans le jargon journalistique, 'accrocher'.

Au cours de l'activité suivante, vous allez travailler sur l'introduction d'un texte.

Activité 39

Voici l'introduction d'un texte sur le doublage des films. Les phrases qui la constituent sont présentées ici dans le désordre. À vous de les réorganiser selon une suite logique d'idées et en tenant compte de la définition d'une bonne introduction donnée ci-contre.

(i) Si on y ajoute tous les feuilletons de langue anglaise qui passent à la télévision en France, on peut facilement comprendre l'ampleur du problème.

(ii) Une grande proportion des films qui passent au cinéma en France sont d'origine étrangère, et la plupart d'eux sont en anglais (plus de la moitié des films projetés en France sont américains).

(iii) Pour diverses raisons, bien des gens n'aiment pas les sous-titres, et il existe donc en France une véritable industrie du doublage qui produit des versions 'françaises' de films étrangers, soit pour le petit écran soit pour le grand.

(iv) Afin de rendre de tels films accessibles au grand public il faut les sous-titrer ou bien les doubler.

(*Espaces 2*, p. 35)

Le plan – la conclusion

À quoi sert la conclusion? Comme pour l'introduction, on peut lui attribuer plusieurs fonctions. Vous n'allez pas forcément toujours avoir besoin de mentionner tous les éléments qui la composent. Tout dépend du but de la dissertation et du public ciblé. La conclusion se compose:

- d'une brève récapitulation des idées (souvent le pour et le contre) et du développement présentés dans les paragraphes qui la précèdent;

- éventuellement, de jugements ou d'opinions personnels sur ce bilan;

- et, selon le cas, de suggestions de perspectives nouvelles, d'investigation ou de recherches, ou même de propositions d'actions futures à mener.

Cette fois, vous allez travailler sur une conclusion.

Activité 40

Voici maintenant une conclusion dont les phrases sont présentées dans le désordre. Réordonnez les phrases selon une suite logique d'idées et en vous référant à l'analyse ci-contre.

(i) C'est pour cette raison qu'il essaie de réunir autour de lui une famille d'acteurs qui habitent la région et qui peuvent donc établir des liens avec le public.

(ii) Pour Yvon Chaix, il est essentiel de former une troupe d'acteurs, afin de faire revivre le théâtre à Grenoble.

(iii) Jacqueline Estragon reconnaît qu'un acteur doit aussi travailler avec d'autres acteurs, s'il ne veut pas risquer de ne plus se développer dans son métier.

(iv) Pourtant les deux acteurs sont d'accord pour dire que travailler seul ne suffit pas.

(*Espaces 2*, p. 55)

Le plan – comment le trouver?

Il arrive, surtout au cours d'études universitaires, que l'on vous demande de discuter d'un sujet auquel vous n'avez jamais vraiment pensé, ou peut-être seulement d'une façon assez superficielle. Donc, il vous faut rassembler des idées avant de pouvoir peser le pour et le contre et tirer une conclusion ou mettre en avant une prise de position personnelle.

Pendant ces recherches d'idées, vous allez sans doute rassembler des notions pour et contre tout à fait au hasard, dans le désordre complet. Souvent, vous trouverez une idée pour, et tout de suite après vous découvrirez une objection sérieuse. Donc, il se peut que vous changiez l'ordre initial de vos idées, pour mieux mettre en valeur votre argument. Une fois cette décision prise, vous allez vouloir privilégier les arguments qui soutiennent votre point de vue en les plaçant au début ou à la fin de votre thèse pour leur donner plus de force.

L'activité qui suit vous fournira une occasion de mettre à l'épreuve cette stratégie et de formuler un plan de rédaction. Vous ne serez peut-être plus surpris(e) de découvrir que souvent il vaut mieux écrire, ou du moins réviser, votre introduction en dernier lieu!

Activité 41

Rédigez le plan d'une rédaction où vous allez discuter le pour et le contre de la production de films en France. Voici le sujet de la rédaction (ou de la présentation orale):

> « Ni la France, ni d'autres pays, n'ont aucun besoin d'une industrie cinématographique, puisque Hollywood a suffisamment de moyens à lui seul pour satisfaire aux besoins de tous les pays du monde dans ce domaine. »

Procédez de la façon suivante:

(i) Recherchez d'abord toutes les idées et notez-les pêle-mêle comme elles vous viennent à l'esprit.

(ii) Classez-les en deux groupes, pour et contre la proposition.

(iii) Faites le bilan de ces idées et formulez votre jugement personnel (la conclusion). Décidez si vous êtes enfin pour ou contre la proposition.

(iv) Esquissez la suite logique de votre raisonnement et le plan que vous allez adopter (l'introduction). (Maintenant que vous avez choisi de quel côté de l'argument vous êtes!)

Section 12

By the end of this *section* you will have learned how to:

- construct a text from ideas collected in random order;

- check your work for linguistic accuracy, style and content.

Au cours de cette section vous allez réviser ce que vous avez fait au cours des sections précédentes et vous entraîner à appliquer les techniques examinées de près. Vous allez aussi apprendre comment vérifier que vous avez pris en considération nos conseils.

Auto-évaluation

Il y a plusieurs moyens de faire une auto-critique de la qualité stylistique de votre travail. Nous allons vous en recommander deux. D'abord une série de questions-critères que vous pouvez vous poser sur le fond et la forme de votre rédaction (**A**); en deuxième lieu une liste de considérations linguistiques à prendre en compte pendant que vous êtes en train d'écrire (**B**).

A   La structure et la cohésion

Dans l'introduction:

- Avez-vous présenté le sujet à discuter clairement et d'une manière suffisamment définie? ❑

- Avez-vous indiqué l'organisation de votre plan et de vos idées dans l'ordre que vous allez suivre? ❑

Au cours de votre dissertation:

- Avez-vous respecté votre plan ou l'avez-vous abandonné ou oublié? ❑

- Avez-vous indiqué clairement les différentes parties du plan en utilisant des adverbes de temps par exemple? ❑

- Vos illustrations ou vos exemples, sont-ils brefs et pertinents? ❑

Dans votre conclusion:

- Avez-vous construit une thèse qui tient compte des faits déjà mentionnés, sans ajouter de nouveaux arguments? ❑

- Avez-vous exposé votre point de vue ou votre jugement personnel? ❑

B   Le style et la langue

Avez-vous donné assez de considération réfléchie au choix:

- des noms? ❑

- des pronoms? ❑

- des adjectifs? ❑

- des synonymes possibles? ❑

- du temps, ou de la voix, des verbes pour établir une perspective? ❑

- des adverbes? ❑

- des connecteurs? ❑

- de l'équilibre entre les phrases longues et courtes? ❑

- de l'équilibre entre les phrases simples et complexes? ❑

Si vous pouvez répondre avec une majorité de 'oui' à ces questions vous avez écrit une bonne rédaction du point de vue du style et de l'organisation.

Au cours des deux activités suivantes, vous allez rédiger des rédactions en appliquant les principes ci-dessus.

Activité 42

1 Vous avez fait un plan et recherché des idées pour une rédaction dans l'activité 41. Écrivez maintenant cette rédaction en employant toutes les 'astuces' – les techniques de style – que vous avez étudiées jusqu'ici. Nous vous suggérons d'écrire entre 300 et 400 mots.

2 Une fois que votre rédaction sera terminée, nous vous recommandons de mettre de côté votre travail pendant au moins une journée avant de le relire pour faire votre auto-évaluation en remettant en question sa structure et sa cohésion, ainsi que le choix de vocabulaire que vous aurez employé.

Activité 43

Pendant ce temps, vous allez vous occuper à rechercher en vrac des idées pour et contre les trois sujets ci-dessous. Cette fois, décidez avant de commencer si vous êtes pour ou contre la proposition.

(i) Le cinéma d'aujourd'hui ne vaut pas le cinéma de ma jeunesse.

(ii) Les livres de bandes dessinées exercent une influence néfaste sur les jeunes qui n'ont plus la patience qu'il faut pour lire un vrai roman.

(iii) Les pièces de théâtre ne se transposent jamais efficacement sur le grand écran. Shakespeare ne marche pas au cinéma.

L'activité suivante va vous donner l'occasion d'évaluer votre travail.

Activité 44

Maintenant, faites l'auto-évaluation de votre rédaction sur Hollywood écrite pour l'activité 42. Appliquez les deux séries de question-critères d'auto-évaluation indiquées sous les rubriques '**La structure et la cohésion**' et '**Le style et la langue**'.

L'activité qui suit va vous permettre de faire une synthèse des conseils donnés dans les activités précédentes.

Activité 45

1 Choisissez entre les trois collections d'idées en vrac que vous avez préparées pour l'activité 43 et écrivez **une** rédaction d'entre 250 et 350 mots en suivant de près tous les conseils donnés.

2 Une fois votre rédaction terminée, mettez de côté votre travail pendant une journée.

3 N'oubliez pas de faire une auto-évaluation de votre travail comme vous l'avez faite dans l'activité 44.

L'environnement en danger

When you have completed your work on *L'environnement en danger*, you should be able to:

- adapt register to suit different target audiences;
- use the appropriate register for official correspondence;
- produce pastiches to explore different styles.

Section 13

By the end of this *section*, you will have learned how to:

- change the tone of a text from conversational to formal;
- change the register of a passage from neutral to informal.

On adapte son **style** et son **registre** selon les personnes avec qui on veut communiquer et selon les circonstances de la communication. Le concept de 'style' se comprend relativement facilement. La notion de 'registre' est peut-être moins facile à 'saisir' (**registre soutenu**), à 'comprendre' (**registre neutre**) ou à 'piger' (**registre familier/argot**).

On considère, en français, qu'il existe cinq registres de base qui se répartissent de la manière suivante:

Vulgaire Familier Neutre/Courant Soutenu Maniéré

'piger' 'comprendre' 'saisir'

Parlé →→→→→→→→→→→→→→→→→→→→→ Écrit

Cette progression va, d'une manière générale, du style parlé au style écrit. Ce qui n'empêche pas certains écrivains d'adopter dans leurs livres un style parlé et vulgaire (L.F. Céline, par exemple) et certaines personnes de parler comme des livres! Dans cette section, nous nous concentrerons sur trois registres seulement: le familier, le neutre et le soutenu.

Lorsqu'on parle à un(e) ami(e) de longue date, on peut employer des mots et des expressions familières qui sont à la limite de la vulgarité. Des expressions purement familières peuvent aussi être perçues comme vulgaires et insultantes par certaines personnes. Par exemple, tutoyer un(e) ami(e) est normal, faire la même chose avec un chef d'état peut conduire à un incident diplomatique.

Par rapport à la langue neutre, la langue familière se caractérise par:

- l'utilisation de 'tu';
- la chute de certains sons (par exemple, 'Je ne sais pas' est prononcé /ʃepa/);
- un moins grand nombre de liaisons;
- l'usage fréquent d'expressions idiomatiques – par exemple, 'trempé(e) comme une soupe' (*to be soaked to the skin*) ou 'ne pas être dans son assiette' (*to be out of sorts*);
- l'emploi d'une forme négative incomplète (par exemple, 'L'environnement, ça me concerne pas').

Dans toute langue, chaque locuteur dispose de plusieurs possibilités linguistiques qui varient selon les situations et les milieux sociaux. Par suite, il faut bien maîtriser plusieurs registres avant de pouvoir passer d'une manière naturelle de l'un à l'autre selon les circonstances. Toutefois, nous vous conseillons d'éviter l'emploi du registre familier, difficile à maîtriser dans un contexte d'apprentissage d'une langue étrangère.

Au cours de cette section, vous allez comparer des textes et définir leur registre.

Au cours de l'activité suivante, vous allez changer le registre d'un texte.

Activité 46

La mairie a fait installer un énorme conteneur à verre usagé devant votre immeuble, près de l'entrée du parc qui sert de terrain de sport et de jardin public. Un ami, qui connaît vos talents d'écriture, vous envoie une note vous demandant d'en faire une lettre officielle à adresser à Madame Dupont, maire de la ville.

> Salut,
>
> Est-ce que tu pourrais écrire, vite fait*, une petite lettre à la mairie pour dire que nous, les résidents de la rue du Parc, on trouve que ce sacré conteneur est une drôle de nuisance? Tu

pourras leur dire à ces messieurs-dames que les bouts de verre sont dangereux pour les passants. Surtout en hiver. On les voit pas dans la neige ou alors, ils sont collés au trottoir par le verglas. Et l'été! Qu'est-ce que ça pue! Et les mouches? Il doit bien en avoir des millions qui sont attirées par les odeurs des bouteilles sales! Enfin, dis-leur d'aller balancer leur sacré conteneur ailleurs. Et pourquoi pas devant la porte du maire, hein? Ça, ça serait vachement rigolo…

Merci d'avance. On se fera un petit gueuleton* pour fêter le succès de ta lettre.

Anatole

Vocabulaire express

vite fait quickly

un gueuleton a slap-up meal (slang)

Transformez cette note en lettre officielle. Vous n'êtes pas obligé(e) de reprendre tout ce qui est dit dans cette note. Pour vous aider, vous pourrez copier le style des lettres qui vous sont présentées dans la partie centrale de certains dictionnaires bilingues.

Au cours de l'activité suivante, vous allez partir à la recherche de synonymes dans votre dictionnaire, vous y trouverez des indications qui vous aideront à repérer des expressions familières ou péjoratives.

Activité 47

Lisez le texte ci-dessous et remplacez tous les mots familiers ou argotiques (en caractère gras) par des synonymes tirés du registre neutre.

Le coin de France dont on parle dans ce volume **montre des coins pas mal** qu'on ne peut visiter qu'à **pinces**. Les vrais touristes préfèrent même encore souvent aller à **pinces** dans les montagnes, lorsqu'ils pourraient faire autrement.

Un certain entraînement est toutefois utile aux personnes qui sont peu habituées à la marche, afin qu'elle ne leur soit pas trop pénible. On doit aussi pour cela éviter le plus possible dans **la bouffe** ce qui peut favoriser la

production de la graisse: **boustifaille** grasse et aliments dits d'épargne, farineux, sucre et boissons aqueuses, mais la machine humaine a néanmoins besoin, comme les autres, d'être bien alimentée. On doit également, pour s'entraîner, se priver de **gnole** et de tabac.

Le costume, en laine, sera plutôt léger, mais, surtout si l'on est sujet à **vachement suer**, on aura de quoi se couvrir à l'arrivée, particulièrement sur une hauteur, si l'on doit y stationner. Au besoin, **enlever pendant** la marche **des fringues** qu'on remettra en arrivant. Il sera encore bon alors de **siroter** aussi peu que possible et plutôt chaud que froid, en tout cas à petites **lampées**.

Au cours de l'activité qui suit, vous allez faire la chasse aux mots et aux expressions qui font partie du registre familier.

Activité 48

1   Lisez *Le protocole de Kyoto entre les mains des pollueurs* (texte 19).

2   Soulignez les quatre mots et les expressions qui, à votre avis, font partie du registre familier et que vous n'emploieriez pas vous-même à l'écrit ou à l'oral.

Maintenant, vous allez vous essayer à modifier un texte pour le réutiliser avec un lectorat différent. Vous allez partir d'un texte écrit dans un registre soutenu et arriver à un texte que l'on pourrait publier dans une revue pour adolescents.

Activité 49

Reformulez le texte suivant en trouvant des équivalents tirés du registre neutre pour les mots et les expressions soulignés.

Nos <u>contemporains</u> ne <u>cessent</u> d'<u>agresser</u> la nature. La <u>flore</u> et la <u>faune</u> sauvages parce que gratuites, sont <u>méprisées</u> et <u>saccagées</u> par plaisir. On pourrait trouver dans le monde et en France même de nombreux exemples de cette attitude <u>lamentable</u>.

En effet, autrefois, la nature était <u>hostile</u> à l'homme qui devait s'en défendre. C'est d'ailleurs encore le cas aujourd'hui dans certains pays. C'est pourquoi, dans notre civilisation industrielle, bien que la nature ne soit plus <u>nuisible</u>, l'homme, <u>inconsciemment</u>, chercherait, tout en <u>effaçant le passé</u>, à s'en protéger, <u>voire</u> à se venger d'elle.

(Cahour, M. (1987) *Résumés et commentaires avec corrigés*, Paris, Bordas, p. 26)

Vous avez commencé cette section par une lettre officielle, vous allez la terminer par un texte moins formel.

Activité 50

1   Relisez *Le protocole de Kyoto entre les mains des pollueurs* (texte 19).

2   Réécrivez le texte en 200 ou 300 mots pour un journal destiné à des adolescents. Faites comme si vous passiez un examen et donnez-vous une heure et demie au maximum pour faire ce travail.

Section 14

By the end of this *section*, you will have learned how to:

*   prepare an oral presentation.

Au cours de cette section, vous allez manipuler deux registres particuliers: le registre familier et le registre soutenu. Vous allez apprendre à passer de l'un à l'autre de manière à vous préparer à mieux communiquer en français dans différents contextes.

Au cours de l'activité qui suit, vous allez classer des expressions selon leur registre et utiliser ce que vous allez trouver dans certaines des activités qui suivent.

Activité 51

1   Consultez votre dictionnaire bilingue à la section consacrée à la correspondance.

2   Notez les phrases et les locutions servant à commencer et à terminer les lettres.

3   Choisissez une formule de conclusion au style neutre et une au style soutenu et placez-les dans le tableau ci-dessous.

	Neutre	Soutenu
Lettre de demande d'information		
Lettre de réclamation		
Demande de service		
Remerciements		
Invitation		
Lettre adressée à un(e) ami(e)		

Au cours des deux activités qui suivent, vous allez vous entraîner à écrire deux versions d'une lettre, destinées à des lectorats différents, d'abord dans un registre neutre et ensuite dans un registre soutenu.

Activité 52

1   Lisez le scénario suivant:

Vous êtes en vacances au bord de la mer. Au cours d'une promenade sur une plage vous remarquez un tuyau qui déverse des liquides de couleurs différentes sur le sable. Vous vous demandez d'où viennent ces liquides, d'autant plus que vous avez vu des enfants jouer sur cette partie de la plage.

2   Complétez la lettre suivante, dans laquelle vous faites part de votre inquiétude à un(e) ami(e). Votre lettre fera une centaine de mots:

Cher… / Chère…

Merci de ta lettre de mercredi dernier. Je suis très heureu(se)x que tes vacances au Portugal se passent bien. Tu as de la chance que le temps soit au beau fixe depuis ton arrivée. Ici, le temps est changeant. Figure-toi qu'hier, j'ai aperçu une sorte de gros tuyau à une extrémité de la plage…

3   Dans cette lettre, vous:

- décrirez la scène que vous avez vue;

- exprimerez vos inquiétudes;

- annoncerez ce que vous avez l'intention de faire à ce sujet.

4   Finalement, vous terminerez votre lettre avec la formule de votre dictionnaire qui vous paraîtra la plus appropriée.

Activité 53

Reprenez les éléments du scénario proposé dans l'activité précédente et écrivez au maire de la commune où vous êtes en vacances. Adaptez votre registre à votre nouveau lecteur.

> Monsieur le/Madame la Maire,
>
> J'ai l'honneur de porter à votre connaissance que…

La prise de parole

Au début de la section précédente, nous vous avons recommandé de ne pas employer le registre familier lorsque vous écrivez vos rédactions. Ce principe est tout aussi valable pour vos présentations orales qui sont toutes plus ou moins formelles.

Lorsque les orateurs du dimanche ou les professionnels de la parole font un discours ou une présentation orale, ils les préparent par écrit. Les meilleurs d'entre eux/elles, appliquent quelques principes fondamentaux. Il faut:

- ne pas précipiter le débit de ce que l'on dit. En effet, si vous parlez vite, vous donnez l'impression que vous voulez vous débarrasser d'une tâche désagréable le plus vite possible. Par contre, si vous parlez trop lentement, vous risquez d'endormir votre auditoire.

- savoir respirer en reproduisant un texte écrit à l'oral.

Pour cela, il faut tracer des lignes obliques après les unités de sens, ce qui permet, en s'arrêtant pendant quelques instants, de respirer et de se faire comprendre.

Exemple

Entrevue: Consommer moins et mieux
[...]

Jean-Marie Chevalier: C'est,/ à mon avis,/ un des points les plus importants/ et il est très probable/ qu'une prise de conscience des problèmes d'environnement/ agira sur la façon dont évoluera la consommation d'énergie//. En effet,/ sans que cette prise de conscience repose forcément sur un consensus scientifique,/ on voit se développer dans les pays industrialisés/ une sorte de méfiance à l'égard de la surconsommation d'énergie,/ et également,/ dans nos villes,/ à l'égard de la circulation automobile.// Ce problème d'environnement se pose/ en fait/ à deux niveaux.// D'une part, /à un niveau global et planétaire:/ là,/ il revient au même/ de supprimer une tonne de CO_2 à Paris ou au Sahara.// [...]

On pourrait compter silencieusement 'un' à chaque barre oblique (/) et jusqu'à trois devant chaque double barre oblique (//).

Voici une liste de mots et expressions qui pourront vous servir lors d'une présentation orale:

> **Introduction**
>
> **Annonce du projet**
>
> Telle est la question… / Voici la question…
>
> … que je voudrais aborder maintenant
>
> … que je voudrais traiter avec vous maintenant
>
> … à laquelle je voudrais essayer de répondre maintenant
>
> **Présentation du plan**
>
> Je parlerai…
>
> … tout d'abord des / de…
>
> … premièrement des / de…
>
> … en premier lieu des / de…
>
> Je commencerai par aborder…
>
> Ensuite / En second lieu / En second point nous… / je…

Enfin / Pour terminer nous… / je…

Annonce de la première partie

Commençons, si vous le voulez bien, par… / Je commencerai par…

Début d'une énumération

… disons tout d'abord que… / signalons pour commencer que…

Deuxième point de l'énumération

… on notera aussi que…

Suite de l'énumération

… d'autre part / par ailleurs / aussi

Conclusion sur ce point

En gros / En somme / Ce qu'il faut retenir de cela c'est que… / Donc / Cela montre que…

Annonce de la partie suivante

Ensuite, j'aimerais passer à…

Transition et annonce de la dernière partie

Nous pouvons passer maintenant à notre dernier point…

Cela nous amène au dernier point de mon exposé…

Conclusion générale

Pour conclure / En conclusion / La conclusion de tout cela est que…

(d'après Vigeur, G. (1979) *Parler et convaincre*, Collection Outils, Hachette, pp. 6–9)

Dans cette activité, vous allez vous exercer à la lecture à voix haute.

Activité 54

1   Choisissez un texte parmi la sélection qui vous est proposée au début de ce livre. De préférence, choisissez un texte comme *Entrevue avec Georges M.* (texte 15) car c'est une transcription de paroles au style direct ou *Le protocole de Kyoto entre les mains des pollueurs* (texte 19). Si vous le désirez, vous pouvez continuer le 'découpage' du texte *Entrevue: Consommer moins et mieux* (texte 14).

2   Découpez un paragraphe en unités de sens, entraînez-vous à la lecture à voix haute et enregistrez-vous si vous le désirez. Pour cela, travaillez directement sur le passage.

Section 15

By the end of this *section*, you will have learned how to:

•   change a text to suit different target readers;

•   write a pastiche.

Au cours de cette section, vous allez travailler votre style écrit pour l'adapter à divers types de lecteurs.

Dans l'activité suivante, vous allez comparer comment divers journaux exposent un même fait à leur lectorat respectif.

Activité 55

1   Lisez *Une presse selective* (texte 21).

2   Complétez la grille suivante:

Quotidiens	Information à caractère local	Information à caractère international	Lectorat aimant les détails et les statistiques	Lectorat de gauche	Journal fantaisiste
La voix régionale					
Nouveau combat					
Les dernières nouvelles					✔
L'Information					

3   Écrivez un paragraphe d'une centaine de mots environ dans lequel vous comparerez comment *La voix régionale* et *L'Information* présentent les mêmes faits.

Dans l'activité suivante, vous allez comparer deux autres quotidiens.

Activité 56

1   Lisez les sections tirées d'*Une presse sélective* (texte 21) qui sont consacrées à *Nouveau combat* et aux *Dernières nouvelles*.

2   Complétez le tableau suivant:

But de l'article	Nouveau combat	Les dernières nouvelles
convaincre		
faire peur		✔
distraire		
donner des statistiques		
donner des justifications ésotériques		
faire l'apologie de la redistribution équitable des ressources naturelles		
reconnaître l'importance du football pour son lectorat		

3   Écrivez un paragraphe d'une centaine de mots environ dans lequel vous comparerez comment *Nouveau combat* et *Les dernières nouvelles* présentent les mêmes faits.

À votre tour de jouer au reporter. Dans les activités suivantes, vous allez écrire des « papiers » sur la pollution marine par les pétroliers pour deux journaux différents.

Activité 57

1   Lisez la dépêche suivante, envoyée par l'agence Éco-Presse à votre journal:

> Un pétrolier, l'Intrépide, vient de s'échouer sur les côtes de la Méditerranée, à 2 km de St Tropez. 220 000 tonnes de fioul ont été déversées d'un coup sur le littoral en pleine saison estivale. De gros paquets de mazout recouvrent des plages entières. C'est un produit très salissant mais non toxique. De toute façon, « le maximum sera fait par la compagnie pétrolière Santa Maria pour tout nettoyer ». Les Verts, de leur côté, demandent au public de boycotter les stations service Santa Maria, pour affirmer le principe selon lequel les pollueurs doivent être les payeurs. Mais la ministre de l'industrie rappelle qu'en France, le boycott est illégal.

2   Écrivez un papier d'environ 150 à 200 mots environ pour votre journal. Votre lectorat se définit de la façon suivante; il est:

•   contre les grosses sociétés commerciales et les multinationales;

•   amoureux de la nature;

•   partisan des sources d'énergie renouvelable;

•   contre tout ce qui fait augmenter les impôts.

Activité 58

Pour 'arrondir vos fins de mois' (*make ends meet*), vous travaillez pour plusieurs journaux. Vous allez vendre un autre article sur le même sujet à un autre journal.

Réécrivez votre article pour tenir compte du nouveau lectorat. Celui-ci se définit de la façon suivante; il est:

•   pour le libéralisme avancé (pour le commerce libre et contre les nationalisations);

•   indifférent à la nature qui n'est, en fait, qu'une ressource comme une autre;

- pour l'intervention de l'État lors des catastrophes;

- partisan des sources d'énergie du moment à celles que nous proposent les rêveurs.

Section 16

By the end of this *section*, you will have learned how to:

- write for an audience;

- imitate the style of a newspaper.

Au cours de cette section, vous allez réviser d'une manière pratique ce que vous avez appris sur la notion de registre. Vous allez aussi revoir la notion de 'cible', c'est-à-dire prendre en considération le public envisagé lorsqu'on écrit quelque chose.

Revenons à l'idée de registre. Vous allez, au cours des activités qui suivent, écrire des textes sur le même sujet, mais destinés à des publics différents.

Activité 59

1 Lisez le texte ci-dessous.

> Autrefois, l'Homme dégradait la nature. Ainsi, le feu, les conquêtes des civilisations anciennes et les découvertes de la Renaissance ont provoqué de nombreuses destructions qui se sont aggravées au dix-neuvième et au vingtième siècles.
>
> Mais la situation a été considérablement détériorée par l'expansion planétaire de l'industrialisation, la mondialisation, la démographie galopante, et les difficultés économiques. Pire encore: nous dissipons nos ressources énergétiques et alimentaires, ce qui constitue une menace à notre survie.
>
> L'Homme, trop confiant dans la technique, pense aujourd'hui pouvoir se libérer de sa dépendance séculaire vis-à-vis de la nature.

2 Imaginez que ce texte que vous venez de lire soit le résumé des idées principales d'une de vos rédactions sur l'environnement.

3 Écrivez une rédaction de 200 à 300 mots en étoffant 'votre' résumé, pour un public d'adolescents. Pour faire ce travail, vous devrez:

- réécrire le texte du 'résumé' en remplaçant le plus grand nombre possible de ses mots par des synonymes;

- donner des explications et des exemples;

- ajouter des idées secondaires pour expliquer certains concepts qui, à votre avis, sont difficiles à comprendre pour des adolescents.

Activité 60

1 Reprenez le texte que vous venez de composer et transformez-le en un texte que vous allez présenter oralement à un auditoire d'adolescents.

2 Découpez-le au moyen de barres obliques de manière à vous donner de brefs repos pour reprendre votre respiration lorsque vous le lirez à haute voix.

3 Lisez votre texte à haute voix. Si vous le désirez, enregistrez-vous sur une cassette et critiquez votre présentation en écoutant l'enregistrement.

Activité 61

1 Reprenez le texte que vous avez écrit au cours de l'activité 59.

2 Changez votre texte pour l'adapter à un nouveau public d'auditeurs, composé, cette fois-ci, d'adultes qui pensent que vos idées sont alarmistes. Vous essayez de les convaincre de la véracité de votre point de vue. Commencez ainsi:

> « Certains éminents experts bien informés, déclarent que depuis très longtemps, les êtres humains ont endommagé la nature… »

Vous pourrez aussi employer certaines des expressions suivantes:

> Vous savez bien que…; Tout le monde sait bien que…; Vous n'ignorez pas que…; Vous n'ignorez pas quand même que…; Vous n'ignorez tout de même pas que…; Je vais vous dire une chose: écoutez-moi bien…; Il n'est pas question, sachez-le bien, de/que…; Encore une fois, je vous le répète…

L'activité qui suit va vous donner l'occasion de rédiger un texte sur un sujet de votre choix.

Activité 62

Écrivez un article de 200 à 300 mots pour donner votre opinion sur un des sujets suivants:

La science résoudra toujours nos problèmes

La pollution mettra fin à la vie sur notre planète

L'environnement et l'intérêt des multinationales sont incompatibles

Lorsque la Terre sera complètement saccagée, nous irons coloniser une autre planète

L'effet de serre n'a rien à voir avec la pollution

Employez les expressions suivantes si vous avez besoin d'exprimer:

- **une opinion:** je crois que; je pense que; je trouve que; d'après moi; à mon avis…

- **la certitude:** il est sûr / certain que; il est clair / évident que; bien sûr; évidemment; je suis convaincu(e) que; il est incontestable que…

- **la probabilité:** il est probable que; il me semble que; il semble / semblerait bien que…

- **le doute:** je ne crois pas que; je ne pense pas que; cela m'étonnerait que…

Les affaires publiques

When you have completed your work on *Les affaires publiques*, you should be able to:

- write a description of the career and ideology of a political figure;

- analyse texts to distinguish between objective and subjective descriptive content;

- describe a political figure in both a positive and a negative manner;

- improve your style by redrafting your work.

Section 17

By the end of this *section* you will have learned how to:

- write an objective description of the career and ideology of a political figure;

- write an objective description of an individual's appearance.

Les textes rassemblés sous ce thème reflètent la politique nationale de la France à travers quelques portraits de personnages-clés de l'histoire. Vous allez examiner la manière dont les auteurs présentent ces personnages: certains de ces portraits sont de caractère impersonnel et encyclopédique; dans d'autres, les auteurs expriment un point de vue très personnel – on y trouve un élément subjectif qui est assez marqué. Vous allez vous entraîner à analyser ces textes pour mieux apprendre à écrire, vous-même, des descriptions – objectives et subjectives – de personnes et d'événements dans les affaires publiques.

Nous commençons par exposer des éléments de description objective dans des monographies et des biographies plutôt neutres, qui présentent des faits qui ne trahissent pas d'opinion personnelle.

Au cours de l'activité suivante, vous allez analyser l'objectivité de deux articles biographiques.

Activité 63

1 Lisez *Georges Clémenceau (1842–1929)* (texte 24) et *Aristide Briand (1862–1932)* (texte 25).

2 Faites la liste des adjectifs dans les deux textes, qui selon vous, expriment un jugement de valeur.

Dans l'activité suivante, vous allez écrire deux biographies différentes.

Activité 64

1   Écrivez une courte biographie en vous servant des indications qui vous sont données en vrac ci-dessous. Donnez un nom à ce personnage historique fictif. Employez des adjectifs tirés de la liste des corrigés de l'activité 63 et d'autres adjectifs de votre choix. Essayez avant tout de conserver un ton neutre et objectif.

- Devient président(e) du Parti Démocratique Indépendent (PDI)

- Accident de cheval/fracture d'épaule

- Études supérieures à la Sorbonne

- Établit comité d'étudiants pacifistes

- Élève à l'École des Moineaux

- Décès à Londres 1968

- Accusé(e) d'espionnage

- Mort de son père 1915 (en France)

- Études de médecine

- Exile en Espagne

- Publication de *La guerre contre la guerre*

- Naissance à Montréal 1888

- Convalescence en Angleterre

- Mariage civil à Pascale/Pierre Lajoie/quatre enfants

2   Écrivez un article, de 150 à 200 mots environ, du même genre encyclopédique que ceux que vous avez lus pour l'activité 63, dans lequel vous présenterez un personnage politique, historique ou contemporain, réel ou fictif. Indiquez les détails suivants:

- l'époque à laquelle appartient ce personnage;

- ses origines;

- son parti ou sa tendance politique;

- les dates et faits marquants de sa carrière.

Dans l'activité suivante, vous allez revenir aux descriptions partisanes d'hommes politiques.

Activité 65

1   Lisez *Robespierre vu par Mme de Staël* (texte 22) et *Le président qui s'est fait empereur* (texte 23).

2   Complétez la grille suivante:

	Détails objectifs	Opinion personnelle de l'auteur
Mme de Staël au sujet de Robespierre		
Victor Hugo au sujet de Napoléon		

Au cours de l'activité suivante, vous allez montrer que vous êtes capable d'être impartial(e).

Activité 66

Écrivez une description, en moins de 100 mots, d'un personnage politique actuel ou de jadis.

(a)   Concentrez-vous sur son portrait physique.

(b)   Décrivez l'aspect extérieur de ce personnage d'une manière objective.

Section 18

By the end of this *section* you will have learned how to:

- describe a political figure in a positive light.

Le but de cette section est d'examiner la description subjective, et en particulier le parti pris positif.

Au cours des deux activités suivantes, vous allez étudier des descriptions flatteuses de personnages politiques et en produire une vous-même.

Activité 67

1 Lisez « *Ma grande révélation a été la captivité...* » (texte 26) de Charles Moulin. Relevez et notez les détails qui montrent le parti pris positif de l'auteur et des personnes citées vis-à-vis de Mitterrand.

2 Lisez *Le premier des nôtres* (texte 27). Il s'agit ici, non point d'un portrait, mais d'une véritable acclamation d'un homme qui, pour l'auteur comme pour beaucoup d'autres Français à cette époque, semblait incarner l'âme de son pays. Notez les détails qui illustrent l'admiration de Mauriac à l'égard du général.

3 Dans les deux textes ci-dessus, les auteurs ont chacun donné une ambiance particulière à leur biographie respective. Faites une liste pour vous-même, de plusieurs personnages qui, selon leur impact dans la conscience publique, à votre avis, méritent soit une appréciation restreinte, soit un éloge 'extravagant'.

Activité 68

Écrivez une description de 100 mots environ dans laquelle vous exprimez votre admiration pour un personnage politique présent ou passé. Inspirez-vous des textes que vous venez d'étudier dans l'activité 67, et si vous le désirez, réutilisez quelques-uns des éléments employés par leurs auteurs.

Section 19

By the end of this *section* you will have learned how to:

- describe a political figure in a negative light.

Au cours de cette section vous allez examiner des aspects de description négative qui relèvent de la polémique. À cette occasion, vous allez relire deux textes étudiés précédemment.

Au cours des deux activités suivantes, vous allez passer à des biographies négatives.

Activité 69

1 Relisez *Robespierre vu par Mme de Staël* (texte 22) et *Le président qui s'est fait empereur* (texte 23).

2 Faites la liste des détails de ces portraits qui révèlent l'attitude de leurs auteurs et qui nous invitent à partager cette attitude.

3 Lisez le texte ci-dessous et notez les mots, les phrases et les éléments particuliers qui donnent à cette description son caractère positif:

> Ses mains fines, mais fortes, ne sont presque jamais immobiles, et son regard sincère et sûr, est aussi expressif que ses paroles: mais c'est grâce à ce comportement vif et actif, volubile mais sensible, voluptueux mais maîtrisé, que l'on comprend son humanité et aussi son humilité. C'est un individu pas comme les autres, qui se remarque tout de suite au dessus de la foule – quelqu'un qui ne passera jamais inaperçu. D'une élégance et d'une gentillesse naturelles, et toujours prêt à soutenir les autres, on a du mal à reconnaître ses défauts. Sa modestie est peut-être de trop pourtant – au cours d'un entretien à la télévision, on a découvert davantage de choses sur le journaliste qui l'interviewait que sur sa victime! Mais cela peut être également une stratégie de défense psychologique, un moyen d'auto-protection pour ne pas trop se révéler aux autres. Alors, finalement, est-ce un défaut? Non! D'une pudeur obligatoire dans la vie politique, cette personne garde une certaine distance, pour mieux rendre service à un public qui s'habitue trop aux gestes grandioses et aux promesses creuses. Pas cette femme-là: elle tient parole. On lui fait confiance: elle nous protège. C'est pour cela qu'elle a été élue.

4 Transformez la description ci-dessus en portrait négatif, après avoir lu les corrigés de l'activité 69. Ne lisez pas le corrigé de la partie 4 avant d'avoir complété l'exercice vous-même!

Activité 70

Composez un portrait polémique de 100 mots environ.

Pensez à un personnage politique contemporain (réel ou imaginaire) qui vous est vraiment antipathique. Cherchez à évoquer ce personnage du point de vue physique et moral, d'une manière aussi vivante que possible.

Vous pourrez commencer par dresser un portrait objectif, puis vous pourrez adapter les noms, les adjectifs et les adverbes, ou en ajouter de nouveaux, pour évoquer le mieux possible les caractéristiques déplaisantes de cet individu.

Pour vous aider, vous pouvez rechercher des synonymes et des antonymes, comme vous l'avez fait dans *Bien dans sa peau*.

Section 20

By the end of this *section* you will have learned how to:

- describe a political figure, in a passage with an introduction, development and conclusion;

- redraft and improve your description.

Vous voici arrivé(e) au terme des *Affaires publiques*, et c'est maintenant l'occasion de vous entraîner à rédiger la présentation écrite, d'un personnage célèbre, et ensuite de réviser et d'améliorer votre travail écrit.

Dans les deux activités qui suivent, vous allez à nouveau travailler sur des biographies.

Activité 71

1   En vous servant des mots de l'encadré, trouvez-en un qui convient à chaque espace numéroté dans la petite biographie suivante. Une fois ce travail achevé, vous parviendrez peut-être à découvrir l'identité du sujet:

> C'est dans le petit port méditerranéen de Sète, ville dont le nom reste aujourd'hui intimement lié au chanteur, qu'Elvira Dagrosa, épouse de Louis, donne naissance à un petit garçon le 22 octobre 1921.

Définitivement peu tourné vers les études, il quitte le collège en 1939 suite à une petite affaire de vol dans laquelle le jeune homme est impliqué sans y avoir vraiment participé. Âgé de 18 ans, il songe à (1) _____ Sète pour la capitale. Cet incident va lui en (2) _____ l'occasion. En attendant le départ, il travaille avec (3) _____ père. À la fin de l'année, la guerre (4) _____, mais Sète est encore bien loin des événements qui (5) _____ l'Europe.

À partir de 1946, pour gagner sa (6) _____, il écrit quelques articles dans une revue anarchiste, 'Le (7) _____'. Sensibles aux idées anarchistes, il exprimera toute sa vie (8) _____ idées d'une façon moins politique que ses contemporains (9) _____ plutôt en luttant, par ses chansons, contre une certaine (10) _____ de la société, à travers ces bêtes noires telle (11) _____ religion. Ces textes sont des prises de position en (12) _____ des laissés-pour-compte comme les prostituées. Son action (13) _____ se situe dans son irrévérence et sa désobéissance volontaires (14) _____ les conventions sociales pour lesquelles il n'a aucun (15) _____.

En novembre, atteint d'un cancer, il est opéré (16) _____ la troisième fois des reins. Un an plus tard, (17) _____ 29 octobre 1981, la mort, qu'il a si (18) _____ chantée, l'emporte dans le petit village de Saint-(19) _____-du-Fesc, près de Sète, chez son ami et (20) _____, Maurice Bousquet. Il est inhumé dans sa ville (21) _____ dans le cimetière du Py, surnommé le 'cimetière des (22) _____'.

Il reste un artiste de référence largement apprécié (23) _____ célébré dans le monde francophone. Créateur généreux et humaniste, (24) _____'homme à la célèbre moustache occupe une place à (25) _____ dans la mémoire de ses amis et admirateurs.

> envers • natale • fournir • ses •
> éclate • Gely • secouent • vie •
> goût • libertaire • le • mais • la •
> anarchiste • quitter • pour •
> souvent • hypocrisie • son •
> médecin • pauvres • et • l' •
> part • faveur

2 Rédigez une description d'un personnage connu en 300 mots environ. Pour cela, faites une liste d'individus connus dans l'histoire ou dans les affaires publiques, choisissez-en un (ou inventez-en un nouveau si vous préférez) et rédigez une description complète et équilibrée de cette personne. Nous vous suggérons de structurer votre travail ainsi:

- une introduction où vous placerez ce personnage dans son contexte historique;

- une évocation, physique et morale, du personnage;

- une conclusion où vous résumerez son importance et son influence.

Vous pourrez vous inspirer de tous les textes cités, en réutilisant les moyens adoptés par leurs auteurs, et choisir selon les sentiments que vous inspire ce personnage, soit une présentation de type encyclopédique, soit quelque chose de plus subjectif. L'objectif est d'arriver à une présentation où vous mettez en évidence les caractéristiques positives et négatives de cette personne.

Activité 72

1 Révisez votre texte et faites-en une version améliorée.

2 Vérifiez votre nouveau texte à l'aide de la grille d'auto-évaluation (voir la section 12, pages 80–81).

Grands projets

When you have completed your work on *Grands projets*, you should be able to:

- identify the nature and main themes of a text;

- find shorter alternatives to expressions used in a text;

- summarize texts and interviews;

- give objective and subjective reactions to texts;

- change register;

- argue for and against a theme.

Section 21

By the end of this *section* you will have learned how to:

- shorten a written passage;

- establish the nature of a text and its main theme by identifying the ideas developed in each paragraph;

- reduce a text to a quarter of its original size.

Au cours de cette section, vous allez apprendre la technique du **résumé**. Le résumé est très utilisé au travail puisque c'est un exercice pratique où il s'agit de réduire un texte aux idées qu'il exprime ou à celles échangées dans une réunion ou un entretien. Il est aussi utilisé dans l'enseignement puisque c'est un travail sur le texte qui figure comme épreuve à de nombreux concours ou examens de français.

Les caractéristiques d'un bon résumé sont les suivantes:

- Il donne, dans le même ordre, une version condensée mais fidèle des idées exprimées dans le texte.

- Il sélectionne les idées selon leur importance, gardant les principales et négligeant les secondaires.

- L'auteur du résumé se met à la place de l'auteur du texte initial (il n'utilise donc pas de formules telles que: 'selon l'auteur…', 'il démontre que…' que l'on trouvera par contre dans un compte-rendu).

- Il ne se contente pas de reprendre en les simplifiant les mots et phrases du texte. L'auteur du résumé s'exprime dans son propre langage, trouvant des équivalents aux expressions utilisées dans le texte original quand cela est possible ou nécessaire.

- C'est donc avant tout un exercice de compréhension de texte. Un bon résumé n'est pas le résultat d'un travail mécanique de réduction; c'est une lecture et une analyse intelligentes qui transmettent fidèlement les idées du texte initial.

- Le résumé consiste donc à réduire un texte, en général entre un tiers et un quart de sa taille initiale.

Au cours de l'activité suivante, vous allez vous préparer à l'élaboration d'un résumé en vous entraînant à dégager le sens d'un texte.

Activité 73

1 Donnez-vous dix minutes pour faire une lecture d'ensemble d'*Une métamorphose architecturale* (texte 28).

2 Décrivez en quelques mots le thème abordé.

3 Choisissez dans la liste ci-dessous les cinq titres qui correspondraient, d'après vous, aux cinq paragraphes du texte:

- Des collections fabuleuses

- La transformation en musée

- Orsay au temps où c'était une gare

- Des expositions d'art contemporain

- Les années de transition

- Un nouveau musée pour le cinéma

- Un musée impressionnant

À l'intérieur de chaque paragraphe, les idées exprimées dans chaque phrase s'organisent suivant un certain ordre: celui-ci est contenu dans le choix des mots, le temps des verbes, les adverbes, etc. L'auteur du texte peut aussi exprimer ses idées par des mots clés.

Au cours de l'activité suivante, vous allez remettre en ordre un texte dont les éléments ont été mélangés.

Activité 74

Restituez ce petit texte traitant du téléphone portable dans son ordre original, en soulignant les mots (adverbes, pronoms relatifs, prépositions, conjonctions, etc.) qui vous ont aidé(e) dans cette tâche.

> Si les Français semblent bien l'accepter// L'insu-portable//une majorité d'entre eux ne les supportent pas dans des lieux publics// L'utilisation du téléphone portable fera peut-être bientôt partie des 'incivilités'//69% sont ainsi favorables à leur interdiction au cinéma// qui tendent à se multiplier dans la société// dans les restaurants, les cafés, les gares ou les aéroports//comme les musées ou les salles de spectacle.

> (Mermet, G. (1999) *Francoscopie*, Éditions Larousse)

Nous passons enfin au mot, et à la tâche de sélection de ceux que vous jugez bons de garder dans le résumé. Une des règles essentielles de cet exercice est d'éviter, dans la mesure du possible, de reprendre le vocabulaire utilisé dans le texte d'origine et donc de trouver des substituts, il s'agit de **reformulation.**

Au cours de l'activité suivante, vous allez commencer le travail de réduction d'un texte.

Activité 75

Réduisez les phrases suivantes au nombre de mots maximum indiqué entre parenthèses. Pour ce genre d'exercice, nous adopterons la convention suivante:

> c'est-à-dire: un mot; il y a: trois mots; il s'appelle: deux mots.

(a) Des mots et des expressions:

    (i)   au fur et à mesure (en un mot)

    (ii) tout-à-fait (en un mot)

    (iii) en particulier (en un mot)

    (iv) afin de trouver une solution (en deux mots)

(b) Des phrases:

(i) C'est dans les temps prévus que le musée a été inauguré. (en sept mots)

(ii) Ayant examiné toutes les options, la seule qui soit à la fois efficace et valable serait de prendre contact avec les services hospitaliers dans les plus brefs délais possibles. (en quatorze mots)

(iii) Changements de plus en plus marqués ont eu lieu dans la sphère de la génétique. (en sept mots)

(iv) Dans tous les cas qui ont été envisagés, il est possible de déduire qu'un seul nous permet d'arriver à des conclusions précises. (en dix mots)

L'activité suivante va vous faire retrouver l'emploi du dictionnaire, tel que vous l'avez fait dans Bien dans sa peau.

Activité 76

1 Utilisez votre dictionnaire pour trouver un équivalent aux mots et aux expressions suivants employés par l'auteur d'*Une métamorphose architecturale* (texte 28):

(i) le parcours; (ii) à l'occasion de;
(iii) ordonnancée; (iv) remarquable; (v) révolue;
(vi) lieu d'accueil; (vii) la transformation;
(viii) inauguré en grande pompe; (ix) un dessein.

2 Utilisez votre dictionnaire pour trouver un équivalent aux phrases suivantes employées par l'auteur du texte:

(i) De la gare au musée, le parcours fut long, pittoresque et semé d'embûches.

(ii) Son classement en 1978 comme monument historique la sauva de la démolition.

(iii) Orsay, situé sur les bords de la Seine presque en face du Louvre, était le lieu idéal.

(iv) Ce sont ses dimensions exceptionnelles qui ont permis de transformer radicalement la conception du musée…

(v) Pour constituer puis enrichir les collections d'Orsay, on a puisé dans les réserves du Louvre et de l'ancien musée d'Art moderne…

Dans les trois activités suivantes, vous allez passer de la chasse à certains mots et expressions. Ensuite vous allez évaluer l'importance de ces mots et expressions dans un texte, pour vous mettre à la recherche de l'idée générale de ce texte. Finalement vous appliquerez ce que vous avez appris, au résumé d'un autre texte.

Activité 77

1 Lisez le texte suivant:

Le chômage « artistique »

Forbach **envoyée spéciale**

Au cœur de l'ancien bassin houiller de Lorraine, la ville de Forbach (Moselle) propose en ce moment, à tous ceux qui s'intéressent aux relations entre l'homme et le travail, un curieux parcours initiatique. Une exposition, organisée dans l'ancien lavoir du carreau Wendel, retrace plus de deux mille ans d'histoire laborieuse avec, au passé, son lot de violences, d'asservissements, de grèves, d'exclusions et, au futur, l'arrivée des nouvelles technologies, la flexibilité, la mondialisation…

(*Libération*, 18 septembre, 2000)

2 Soulignez les mots clés du texte qui en indiquent l'idée principale.

3 Mettez entre parenthèses les idées secondaires, exemples et énumérations.

4 Encadrez les connecteurs.

Activité 78

Résumez le texte *Le chômage « artistique »* en une phrase seulement.

Activité 79

Résumez *Une métamorphose architecturale* (texte 28) de 492 mots en 125 mots.

Section 22

By the end of this *section* you will have learned how to:

- write an objective view of the subject of a text;

- summarize an interview by simplifying questions and answers in the original text;

- write a letter based on ideas taken from a text in a different register.

Le commentaire de texte

Alors que le résumé est un exercice visant à dégager les idées d'un texte en manipulant les mots utilisés par l'auteur, le commentaire de texte vous demande de trouver l'idée principale, d'expliquer certaines mots, expressions ou phrases du texte. Il vous invite enfin à réfléchir sur le thème développé dans le texte.

Dans un premier temps, nous resterons dans le domaine des idées telles qu'elles sont exprimées dans un entretien. Le commentaire est ici objectif, puisqu'il s'agit toujours de simplifier les propos tenus par la personne interrogée ainsi que de les expliquer. Nous profiterons de cette occasion pour revenir sur la façon de formuler les questions en préparation d'un entretien.

Dans un deuxième temps, nous allons envisager le commentaire objectif à partir d'un texte, en nous concentrant sur les idées exprimées et sur certaines expressions utilisées par l'auteur.

Pour faire un résumé fidèle d'un texte, il faut s'assurer que l'on a bien compris tout les mots et toutes les expressions de ce texte. Dans cette activité, vous allez faire du travail de vocabulaire.

Activité 80

1   Lisez *Entretien avec Jean Favier* (texte 29).

2   Expliquez les termes suivants sous forme de phrases complètes ou sous forme de notes:

(a) le patrimoine de France

(b) en vertu du dépôt légal

(c) à l'affût de…

(d) mise en vrac

(e) le plus gros gisement

Au cours de l'activité suivante, vous allez simplifier un texte.

Activité 81

1   Mettez-vous à la place de Jean Louis Arnaud pour *Label France* et posez en vos propres termes les quatre questions à Jean Favier.

2   Jean Favier répond évidemment à chacune de ces questions. Simplifiez ses réponses, en faisant deux phrases au maximum pour chacune d'elles. Concentrez-vous sur les idées qu'il présente, et exprimez-les en moins de mots.

Dans cette activité vous allez vous concentrer sur l'étude du thème central d'un texte.

Activité 82

1   Lisez le texte qui suit.

2   Décrivez en quelques mots en français le thème abordé dans ce texte.

Les Picasso du marqueur*

Gavroche de grande banlieue ou collégien des faubourgs, Parisien 'branché' ou étudiant facétieux, il a entre douze et quinze ans, raffole de rap, rêve des États-Unis mais ne déteste pas Paris. Il est en quête d'identité et de sensations. Écrire son surnom ou celui de son groupe (THC, Vandales, En Puissance, 93 NTM…) sur le plan de métro, c'est choquer le bourgeois qui passe et entrer au Top 50 des Picasso du marqueur.

Chaque jour l'éventail s'élargit un peu plus encore, depuis les gamins de Mantes la jolie qui sévissent dans les cités de leur quartier jusqu'aux noctambules qui se risquent à pénétrer dans le métro en pleine nuit. Une aventure toujours risquée – le graffiti est un délit – mais excitante, que l'un d'eux résume en une délicieuse 'montée d'adrénaline'.

Car ce drôle de jeu, pimenté par la peur du gendarme ou du témoin gênant, tient aussi de la sensation forte à tarif réduit, du grand frisson pour 50 ou 60 francs, prix moyen des gros marqueurs ou des bombes de peinture: 'C'est une performance, une sorte de mission impossible', assure André, lycéen de dix-neuf ans. 'Dans ces moments là, tu perds ta tête', [...] assure l'un de ses amis, avant d'ajouter: 'Le grand kif [plaisir], ce serait de taguer un commissariat!'

L'essentiel est donc de provoquer et de s'afficher en lettres stylisées (les lettres parisiennes sont réputées plus lisibles que les new-yorkaises), comme une manière d'exister, un moyen de marquer son territoire. Alain Vulbeau, chercheur de l'Institut de l'enfance et de la famille, dans une étude sur ce phénomène, le qualifie de 'pétition illisible' ou 'd'émeute silencieuse'. 'C'est un retour à l'ère des tribus. Les hommes préhistoriques eux-aussi taguaient dans les cavernes. On revient aux sources.'

(*Le Monde*, 9 novembre, 1990)

*Vocabulaire express

le marqueur felt-tip pen

En passant

Le texte *Les Picasso du marqueur* traite la question des 'tagueurs', ces jeunes gens qui écrivent des graffitis, des 'tags', sur les murs des villes.

3 Donnez un titre à chacun de ses paragraphes, exprimant brièvement les idées qui y sont développées (à moins qu'il n'y en ait qu'une).

4 Expliquez les mots suivants:

   (a) Gavroche de grande banlieue

   (b) Parisien 'branché'

   (c) entrer au Top 50

   (d) une délicieuse 'montée d'adrénaline'

   (e) du grand frisson pour 50 ou 60 francs

   (f) 'pétition illisible'

   (g) 'émeute silencieuse'

Vous devriez maintenant être un peu familiarisé(e) avec le genre de personnage qu'est 'le tagueur'. Vous allez maintenant en faire la description.

Activité 83

En vous basant sur le texte et les idées explorées dans les activités précédentes, essayez, en 50 à 80 mots et en vos propres termes, de faire le profil type du 'tagueur'. Utilisez une variété de noms et d'adjectifs pour éviter, si possible, les répétitions.

Au cours de l'activité suivante, vous allez prendre parti, par écrit, pour ou contre les 'tagueurs'.

Activité 84

Choisissez entre les deux tâches suivantes:

(i) Écrivez une lettre entre 150 et 200 mots au/à la Ministre de la Culture, pour demander que votre activité de tagueur soit reconnue comme artistique et que vous soyez subventionné(e). À vous de défendre votre art en incluant les détails suivants:

   (a) Présentez-vous en tant que tagueur.

   (b) Expliquez pourquoi vous auriez droit aux subventions, comme certains autres (lesquels?).

   (c) Justifiez la valeur artistique de vos tags.

   (d) Expliquez vos frais.

   (e) Concluez en revendiquant le statut de créateur.

(ii) Écrivez une lettre entre 150 et 200 mots au/à la Ministre de l'Intérieur pour faire voter une loi contre les tagueurs. Incluez les détails suivants:

   (a) Expliquez pourquoi vous estimez que cette activité est nuisible.

   (b) Donnez un exemple.

   (c) Dénoncez le genre de personne qu'est le 'tagueur'.

   (d) Suggérez des mesures à prendre contre eux et leurs activités.

Section 23

By the end of this *section* you will have learned how to:

- make subjective comments on some ideas quoted from a text;
- summarize the ideas developed in a text, using quotes as required;
- write a short subjective comment on a theme.

Au cours de cette section, vous allez travailler sur des textes pour leur apporter un point de vue subjectif. Jusqu'à présent, vous vous êtes contenté(e) de simplifier, d'expliquer et de reformuler les idées exprimées. Vous allez maintenant exprimer votre opinion sur certains thèmes abordés.

Dans cette activité, vous allez résumer un texte sur un thème d'actualité.

Activité 85

1 Lisez *L'angoisse du gardien de musée face à la techno* (texte 30).

2 Résumez les données du problème, telles qu'elles y sont envisagées. Essayez de ne pas dépasser 250 mots.

Avec les deux activités suivantes, nous arrivons à l'expression d'opinions personnelles. Vous allez vous entraîner à réagir par écrit à certaines propositions sur les musées et sur l'œuvre d'art en général.

Activité 86

1 Lisez les deux propositions suivantes, données à titre d'exemples:

Le musée est-il une espèce en voie de disparition, à archiver d'urgence au rayon des vieilles choses dépassées? (contre)

Les musées sont aussi nécessaires que les cinémas et les théâtres, puisqu'ils représentent un espace où on peut aller et profiter de l'occasion pour s'enrichir artistiquement ou culturellement. (pour)

2 Réagissez, en quelques phrases, aux propositions suivantes:

(a) L'œuvre virtuelle serait supérieure à l'œuvre réelle.

(b) Les techniciens du multimédia dessinent sans scrupule une mise en scène qui ne vaut pas plus qu'une coulisse de cinéma à Hollywood.

(c) Pourquoi le visiteur a-t-il encore besoin de venir dans un vrai musée?

(d) Au fond, le musée aurait tout à gagner de la diversification des contenus culturels. Il peut augmenter son impact hors les murs, redevenir un temple dédié aux originaux.

(e) Trop d'images tuerait les œuvres.

Activité 87

En utilisant vos réactions à l'activité 86, rédigez un texte d'à peu près 200 mots pour exprimer votre opinion personnelle sur le thème des musées réels ou virtuels. N'oubliez pas d'utiliser les connecteurs (selon moi, j'estime que, etc.) pour articuler votre argument.

Au cours de l'activité qui suit, vous allez découvrir et commenter un texte critiquant la construction de la tour Eiffel.

Activité 88

1 Lisez l'extrait de la pétition suivante signée par de nombreuses personnalités à la fin du XIXᵉ siècle.

À Monsieur Alphand

Monsieur et cher compatriote,

Nous venons, écrivains, peintres, sculpteurs, architectes, amateurs passionnés de la beauté jusqu'ici intacte de Paris, protester de toutes nos forces, de toute notre indignation, au nom du goût français méconnu, au nom de l'art et de l'histoire français menacés, contre l'érection, en plein cœur de notre capitale, de l'inutile et monstrueuse tour Eiffel, que la malignité publique, souvent empreinte de bon sens et d'esprit de justice, a déjà baptisée du nom de 'tour de Babel'.

Sans tomber dans l'exaltation du chauvinisme, nous avons le droit de proclamer bien haut que Paris est la ville sans rivale dans le monde. Au-dessus de ses rues, de ses boulevards élargis, le long de ses quais admirables, du milieu de ses magnifiques promenades, surgissent les plus nobles monuments que le génie humain ait enfantés. L'âme de la France, créatrice de chefs-d'œuvre, resplendit parmi cette floraison auguste de pierres. L'Italie, l'Allemagne, les Flandres, si fières à juste titre de leur héritage artistique, ne possèdent rien qui soit comparable au nôtre, et de tous les coins de l'univers Paris attire les curiosités et les admirations. Allons-nous donc laisser profaner tout cela? […]

C'est à vous qui aimez tant Paris, qui l'avez tant embelli, qui l'avez tant de fois protégé contre les dévastations administratives et le vandalisme des entreprises industrielles, qu'appartient l'honneur de le défendre une fois de plus. Nous nous en remettons à vous du soin de plaider la cause de Paris, sachant que vous y dépenserez toute l'énergie, toute l'éloquence que doit inspirer à un artiste tel que vous l'amour de ce qui est beau, de ce qui est grand, de ce qui est juste. Et si notre cri d'alarme n'est pas entendu, si nos raisons ne sont pas écoutées, si Paris s'obstine dans l'idée de déshonorer Paris, nous aurons du moins, vous et nous, fait entendre une protestation qui honore. […]

(*Le Temps*, 14 février, 1887)

2 Commentez le texte en quelques mots en suivant les étapes suivantes:

(a) Qu'est-ce que les auteurs ont voulu dire?

(b) Quelle est leur opinion sur la question?

(c) Est-ce que le texte est objectif, et s'il ne l'est pas, quelles sont les expressions qui le montrent?

(d) Quelle est votre opinion sur la question?

En passant

Jean-Charles Alphand, polytechnicien, l'un des trois directeurs généraux de l'Exposition universelle de 1889, avait été chargé des travaux de cette exposition.

Section 24

By the end of this *section* you will have learned how to:

- explain and comment on expressions used in a text;

- write a commentary on a theme developed in a text, arguing for and/or against it.

Au cours de cette section, vous allez entamer un travail de révision: d'une part une activité de commentaire, d'autre part une activité de contraction de texte.

Les deux activités suivantes vont vous montrer les opinions d'un écrivain du XIXᵉ siècle au sujet de la tour Eiffel et des tendances de l'architecture à son époque.

Activité 89

1 Lisez *La Tour… prends garde* (texte 31).

2 Maupassant utilise une variété d'adjectifs et de noms pour exprimer son aversion pour ces monuments. Notez:

(a) les adjectifs, les verbes et les noms suggérant la taille et la dimension;

(b) les adjectifs, les verbes et les noms suggérant la laideur ou le ridicule.

3 L'auteur utilise plusieurs procédés de style dans sa description du Paris de cette époque. Identifiez:

(a) des métaphores: par exemple, 'cette espèce de longue chenille…';

(b) des oppositions ou des jeux de mots.

Plus loin dans le même texte, Maupassant s'attaque non seulement aux monuments créés à l'occasion de l'Exposition universelle, mais à l'architecture en général.

Activité 90

1   Lisez l'extrait suivant:

> L'architecture semble un art disparu de France. Il suffit d'un jour passé aux environs de Paris pour contempler une si hideuse collection de maisons de campagne ridicules, de châteaux effroyables, de villas extravagantes, que le doute n'est plus possible: nous avons perdu le don de faire de la beauté avec des pierres, le mystérieux secret de la séduction par les lignes, le sens de la grâce dans les monuments. Nous paraissons ne plus comprendre et ne plus savoir que la seule proportion d'un mur suffit pour constituer une belle chose, une œuvre d'art.

2   Expliquez en une trentaine de mots en français ce que Maupassant reproche à l'architecture de son époque.

3   Dans l'article on trouve la déclaration suivante: « Nous avons perdu le don de faire de la beauté avec des pierres ». En vous servant d'exemples d'architecture de France et/ou d'ailleurs, écrivez un commentaire subjectif en une centaine de mots, pour donner votre opinion sur les monuments construits depuis l'année 1886, date de la rédaction de l'article de Maupassant.

Maintenant quittons 'les grands projets' et la ville, et partons à l'aventure à la campagne par le truchement d'un texte à résumer.

Activité 91

Résumez *Excursions à pied* (texte 4) en 150 mots.

Nouveau départ

When you have completed your work on *Nouveau départ*, you should be able to:

* write a short story on a contemporary theme by following specific steps;

* summarize a short story in three sentences;

* check your written work;

* redraft and improve your work.

Section 25

By the end of this *section* you will have learned how to:

* write a short story on the theme of *Nouveau départ;*

* reduce a story to three components.

Au cours de cette section, vous allez écrire des histoires sur le thème des nouveaux départs. Tout le monde peut écrire des contes et des histoires. Pour commencer, il suffit d'avoir un peu d'inspiration et de connaître quelques principes simples.

L'activité suivante nous ramène à un texte loufoque, burlesque, cocasse, bouffon, comique, saugrenu, caricatural, etc... d'Alphonse Allais.

Activité 92

Alphonse Allais a écrit un conte pour amuser ses lecteurs et le comique repose en grande partie sur la succession de métiers absurdes pratiqués par Edmond Tirouard.

Lisez *Loufoquerie* (texte 32) et faites la liste des métiers comiques et improbables du personnage Edmond Tirouard.

Au début du vingtième siècle, un chercheur russe, Vladimir Propp a fait une découverte intéressante en étudiant cent cinquante contes de fées russes. Il s'est aperçu que tous ces contes, à des niveaux différents, présentaient trente-deux éléments communs qu'il a appelés 'fonctions'. Son travail n'a été connu dans les pays occidentaux qu'en 1957, date de publication de son livre *Morphology of the Folktale* en Amérique. Un chercheur français, Francis Debyzer, a depuis simplifié le travail de Propp et est arrivé à une liste de treize fonctions. Ces fonctions constituent les étapes de la construction d'un conte et peuvent s'appliquer aussi bien à un conte de fée, à un conte contemporain qu'à un film. Voici les fonctions que nous propose Francis Debyzer. Chaque fonction vous offre une infinité de possibilités de choix.

(a) Choisissez le héros/l'héroïne de cette histoire.

Décrire ce personnage. Cela peut être un être humain, un animal, un objet, un ectoplasme ou même un concept.

(b) Ce personnage désire quelque chose.

Le personnage peut désirer l'amour, un emploi, la fortune, la beauté, un remède ou la paix universelle.

(c) Le personnage reçoit des renseignements sur la chose désirée.

Ces renseignements peuvent provenir d'une bouteille jetée à la mer, d'un vieux manuscrit, d'un document trouvé dans un grenier, d'une annonce dans un journal, d'un spot publicitaire à la radio…

(d) Le personnage part à l'aventure.

Le personnage va où se trouve la chose désirée. Le mode de transport doit être en accord avec la condition du personnage. Par exemple, s'il s'agit d'un pauvre jeune homme, il doit voyager à pied, à bicyclette ou en auto-stop. Une belle princesse pourra voyager en avion, en première classe.

(e) Le personnage rencontre un adjuvant.

L'adjuvant est la personne qui vient en aide au héros. C'est Sancho Pansa pour don Quichotte ou le docteur Watson pour Sherlock Holmes.

(f) Le personnage doit franchir des obstacles infranchissables.

Décrire les difficultés séparant le héros du but de sa recherche. Il peut s'agir d'obstacles naturels – des montagnes, une jungle impénétrable – ou humains – la bureaucratie, la jalousie des autres, etc.

(g) Le personnage arrive à destination.

Décrire cette destination. Une ville étrangère, un bureau de bienfaisance, une usine…

(h) L'adversaire du personnage habite là.

L'ennemi de votre héros habite là où se trouve ce qu'il cherche. Décrivez cet adversaire, physiquement et mentalement.

(i) Le personnage est vaincu par son adversaire.

Pour commencer, le héros est toujours un peu vaincu par son adversaire. Par exemple, Indiana Jones est fait prisonnier et est drogué. Le héros de western n'a plus de balles pour sa Winchester ou le mousquetaire casse son épée…

(j) L'adjuvant arrive à la rescousse.

Que fait l'adjuvant pour sortir son ami(e) de sa situation désespérée? Il lui donne une épée neuve, un révolver, les clefs de sa prison…

(k) Le personnage triomphe de son adversaire.

Votre héros/héroïne bat son adversaire. Comment?

(l) Le personnage principal trouve ce qu'il était venu chercher.

(m) Le personnage rentre avec l'objet convoité.

(n) Fin de l'histoire.

L'histoire se termine au gré du conteur. Au Royaume-Uni, le héros et l'héroïne passent le reste de leur vie dans le bonheur. En France, ils se marient et ont beaucoup d'enfants. Le bonheur y est donc facultatif.

Au cours de l'activité suivante, vous allez mettre en pratique ce que vous savez sur les fonctions de Vladimir Propp.

Activité 93

Martine (texte 33) a été écrit en suivant le modèle donné ci-dessus. Identifiez les treize étapes de sa construction.

Maintenant, vous allez passer à l'action et créer le début d'un récit à l'aide de quelques fonctions de Propp.

Activité 94

Pour vous entraîner, écrivez le début d'un conte sur le thème des nouveaux départs, en suivant seulement les trois premières étapes de la liste proposée par Debyzer. Écrivez entre 100 et 150 mots.

Au cours de l'activité suivante, vous allez vous exercer à résumer des récits divers.

Activité 95

Jusqu'à présent, vous avez appris à résumer des textes. On peut faire de même avec un conte, un roman, une pièce de théâtre ou un film.

Vous allez résumer des histoires que vous connaissez en trois éléments seulement. Autrement dit, vous allez résumer des contes en trois phrases simples selon le modèle suivant:

Phrase A + Phrase B $\Rightarrow$ Phrase C.

Selon la formule, la combinaison des deux premières propositions doit entraîner logiquement la troisième.

Par exemple, voici un résumé de Roméo et Juliette:

A: Roméo et Juliette s'aiment

B: Leurs parents s'opposent à leur amour

C: Roméo et Juliette meurent

Selon la formule, la proposition C n'est pas possible sans la combinaison de A et de B.

Les trois phrases ne correspondent pas nécessairement en longueur au texte d'origine. Par exemple, dans des films des années cinquante, on pouvait trouver la formule suivante:

A: Un groupe d'aventuriers est attaqué par des Indiens

B: La cavalerie arrive

C: Les Indiens sont battus

Dans ce scénario, la première section pouvait durer

plus d'une heure, la seconde une dizaine ou une quinzaine de minutes, et le reste quelques minutes.

1 Résumez les contes et les romans suivants en trois phrases simples chacun:

   (a) Cendrillon (*Cinderella*)

   (b) Le petit chaperon rouge (*Little Red Riding Hood*)

   (c) Le vilain petit canard (*The Ugly Duckling*)

   (d) Autant en emporte le vent (*Gone with the Wind*)

   (e) Un roman ou un conte de votre choix

   (f) Une histoire de votre choix

2 Relisez *Le pauvre Bougre et le bon Génie* (texte 1) et réécrivez la dernière phrase du conte pour le terminer à votre manière. (Il n'y a pas de corrigé pour cette étape de l'activité.)

Section 26

By the end of this *section* you will have practised:

- correcting your mistakes;

- checking and improving a short story.

Au cours de cette section, vous allez faire de la correction de texte d'une manière plus systématique. Vous allez continuer à revoir la notion de connecteur dans la cohésion et la cohérence d'une histoire.

Au cours de l'activité suivante, vous allez corriger les fautes d'un extrait de conte.

Activité 96

Dans le texte qui suit, il ne s'agit pas d'un nouveau départ mais d'un voyage interrompu décrit par un narrateur masculin.

Corrigez le texte, en faisant particulièrement attention à:

- l'orthographe des mots;

- leur accord;

- le temps des verbes et leur conjugaison.

Il y a vingt-et-une fautes en tout.

Nous venions de passer Gisors, ou je m'étais réveillé en entendant le nom de la ville criée par les employé, et j'allais m'assoupir de nouveau, quand une secousse épouvantable me jeta sur la grose dame qui me faisait vis-à-vis.

Une roue s'était brisé à la machine qui gisait en travers de la voix. Le tender et le wagon de bagages, déraillé aussi, s'était couché à côte de cette mourante qui râlait, geignait, sifflait, soufflet, crachait, ressemblait à ces cheveux tombé dans la rue, dont le flanc bat, dont la poitrine palpite, dont les naseaux fument et dont tout le corp frissonne, mais qui ne paraît plus capables du moindre effort pour se relever et se remettre a marcher.

Il n'y avait ni morts ni blessé, quelque contusionnés seulement, car le train n'avaient pas encore repris son élan, et nous regardions, désolé, la grosse bête de fer estropiée, qui ne pourrait plus nous traîner et qui barrait la route pour longtemps peut-être, car il faudrait sans doute faire venir de Paris un train de secour.

Au cours de l'activité suivante, vous allez travailler sur un passage dans lequel un homme ivre prend de nombreux nouveaux départs.

Activité 97

Remettez les connecteurs manquants pour rendre ce texte cohérent. Choisissez ces mots charnières parmi ceux qui figurent dans l'encadré. Certains mots peuvent être utilisés plus d'une fois.

Nous suivions une longue rue, légèrement en pente, chauffée d'un bout à l'autre par le soleil de juin, (1) _____ avait fait rentrer chez eux les habitants.

(2) _____ , à l'autre bout de cette voie, un homme apparut, un ivrogne (3) _____ titubait.

Il arrivait, la tête en avant, les bras ballants, les jambes molles, par périodes de trois, six ou dix pas rapides, (4) _____ suivait

toujours un repos. (5) _____ son élan énergique et court l'avait porté au milieu de la rue, il s'arrêtait net et se balançait sur ses pieds, hésitant entre la chute et une nouvelle crise d'énergie. (6) _____ il repartait brusquement dans une direction quelconque.

Il venait alors heurter une maison sur (7) _____ il semblait se coller, comme s'il voulait entrer dedans, à travers le mur. Puis il se retournait d'une secousse et regardait devant lui, la bouche ouverte, les yeux clignotants sous le soleil, (8) _____ d'un coup de reins, détachant son dos de la muraille, il se remettait en route.

Un petit chien jaune, un roquet famélique, (9) _____ suivait en aboyant, s'arrêtant (10) _____ il s'arrêtait, repartant quand il repartait.

> que • ensuite • lorsque • enfin •
> tout-à-coup • qui • quand • puis •
> laquelle • le • jamais • déjà •
> soudain

(Maupassant, G. (edn. 1924) *Le Rosier de Madame Husson*, Paris, Conard, pp. 13–14)

Dans cette activité, vous allez compléter le conte que vous avez commencé plus tôt.

Activité 98

Reprenez votre début de conte de l'activité 94 de la section précédente, et complétez-le. Votre conte fera 500 mots environ. N'oubliez pas que votre conte aura pour sujet les nouveaux départs.

L'activité suivante est consacrée au travail de correction, tâche essentielle dans la rédaction de tout texte.

Activité 99

Afin de prendre l'habitude de vérifier votre travail, vous allez faire un exercice systématique de correction.

1   Reprenez votre conte de l'activité précédente et:

*   vérifiez une nouvelle fois l'orthographe des mots, en vous servant de votre dictionnaire;

*   vérifiez aussi les accords des noms et des adjectifs;

*   analysez chaque verbe et demandez-vous si le temps et la terminaison sont corrects.

La correction est moins intéressante que l'activité de création, mais, rien n'est plus ennuyeux pour un écrivain que de se retrouver dans la situation suivante: Vous venez de passer des heures à écrire un conte. Vous le montrez à un(e) ami(e) et celui-ci ou cette dernière vous dit quelque chose comme cela: « Dis-donc, 'éléphant', ça s'écrit avec deux 'f'? » alors que la seule chose qui vous intéresse, c'est de voir si votre histoire a ému ou amusé cette personne qui se disait votre ami(e)…

2   Finalement, voyez si vous pouvez améliorer votre récit[1] en employant des synonymes, des adverbes, des connecteurs, en étoffant vos phrases avec des compléments et en donnant plus de détails sur l'aspect physique de vos personnages.

Section 27

By the end of this *section* you will have learned how to:

*   write a contemporary story on the theme of *Nouveau départ*.

Très souvent, lorsqu'on écrit une histoire, on en connaît déjà la fin, la 'chute'. Par suite, on écrit un récit en donnant au lecteur tous les détails possibles qui vont rendre cette fin plausible. L'exception est peut être Georges Simenon, le créateur de Maigret, qui, lorsqu'il écrivait ses romans, aimait partir à l'aventure car il cherchait à se surprendre lui-même.

Vous allez mettre vos talents d'auteur(e) à l'épreuve au cours de l'activité suivante.

Activité 100

1   À partir d'une anecdote, rédigez une histoire. Par exemple, vous partirez d'un fait divers que vous aurez trouvé dans un journal ou dans un magazine. Vous pourrez aussi 'recycler' une histoire drôle racontée par un(e) ami(e). Suivez la démarche suivante:

(a)   Écrivez cette anecdote ou cette histoire en quelques phrases.

(b)   Résumez cette histoire en trois phrases comme vous l'avez fait au cours de l'activité 94 ou simplement soulignez ou surlignez le début, la fin et l'élément qui a causé le dénouement de cette histoire.

2   Écrivez votre version personnelle de cette histoire en ajoutant des détails pour la rendre crédible. Écrivez entre 300 et 500 mots. Avant de commencer, si vous le désirez, consultez le corrigé de cette activité, dans lequel, à titre d'exemple, nous vous proposons un conte basé sur *Charité bien ordonnée…* (texte 34). Voici des scénarios qui pourraient vous aider:

Une personne qui ne pensait jamais pouvoir trouver un emploi se voit offrir un bon métier.

Une personne très sédentaire devient brusquement un véritable *globetrotter*.

Une personne qui, toute sa vie, voulait apprendre à piloter un avion voit soudain son rêve se réaliser.

Une personne qui se croyait trop vieille pour faire quelque chose de nouveau change d'avis.

L'activité suivante est aussi consacrée au travail de correction.

Activité 101

Toujours pour acquérir de bons réflexes, et de meilleures notes aux examens, vous allez vérifier votre travail.

Passez votre histoire au peigne fin pour y faire la chasse aux fautes.

---

[1] In narratology, the word *histoire* refers to the storyline, the plot. The *récit* refers to the way the storyline is expressed: a text in a novel, images in a film, sounds in a radio play or a musical piece such as Prokofiev's *Peter and the Wolf.*

Vous allez mettre vos talents d'auteur(e) encore une fois à l'épreuve au cours de l'activité suivante. Vous allez maintenant écrire une histoire en vous servant d'objets comme source d'inspiration.

Activité 102

Prenez au moins trois objets trouvés chez vous, dans la cuisine, dans le salon ou ailleurs et écrivez une petite histoire dans laquelle ils figurent, soit comme personnages, soit comme accessoires, soit comme faisant partie du décor. Si vous voulez, vous pouvez déchirer des photos d'objets et/ou de personnes dans un catalogue pour faire ce travail. Vous rangez ces photos ou ces objets dans un ordre de votre choix et vous racontez votre histoire en 300 à 400 mots en suivant cet ordre de classement des objets et ou des personnes.

Le thème est celui des nouveaux départs. Par exemple, comment un vieux pot de yaourt peut refaire sa vie dans une école maternelle.

Si vous en avez besoin, jetez un coup d'œil rapide au corrigé, puis lancez-vous dans votre travail de création.

L'activité suivante est aussi consacrée au travail de correction.

Activité 103

Corrigez votre texte et améliorez-le en pensant à l'effet que vous souhaitez produire sur votre lecteur. Avant de commencer, définissez votre lecteur ou votre lectrice. S'agit-il d'un(e) ami(e), d'un(e) adulte, d'un(e) enfant? Employez des adjectifs, des compléments et des adverbes qui s'accordent bien avec le ton de votre histoire. Si nécessaire révisez ce que vous avez appris dans les thèmes précédents.

Section 28

By the end of this *section* you will have learned how to:

* use a point of view in fiction.

Au cours de cette section, vous allez revoir votre travail du point de vue de la **focalisation** et vous allez aussi réviser votre travail et mettre en pratique ce que vous avez fait pendant les trois sections précédentes, c'est-à-dire corriger vos fautes afin de produire un bon texte.

La notion de focalisation concerne le narrateur. Le narrateur, est-il un personnage de l'histoire ou non? Si le narrateur est un personnage, est-ce qu'il raconte sa propre histoire ou celle d'un autre personnage? Autrement dit, est-ce que le héros (Ulysse, par exemple) ou l'héroïne raconte son histoire ou est-ce qu'un témoin (Dr. Watson) raconte l'histoire du héros (Sherlock Holmes) ou de l'héroïne? Dans le cas où le narrateur n'est pas dans l'histoire en tant que personnage, est-ce qu'il raconte les faits comme s'il connaissait les pensées les plus intimes de ses personnages (par exemple, le narrateur omniscient des œuvres d'Agatha Christie, de Charles Dickens, de Balzac, etc.) ou est-ce qu'il les présente de l'extérieur (par exemple, Hemingway, *The Killers*), comme un scientifique décrivant une fourmilière dont il essaie de comprendre les habitants?

Au cours de l'activité suivante, vous allez changer le point de vue narratif d'une histoire.

Activité 104

1   Reprenez une histoire que vous avez écrite et retravaillez-la pour lui donner un nouveau point de vue narratif.

* Vous pouvez , par exemple, changer le narrateur de votre histoire. Dans *Loufoquerie* (texte 32) un narrateur omniscient raconte l'histoire d'Edmond Tirouard. La narration est donc au premier degré.

* Dans le corrigé de l'activité 100, André est un personnage qui raconte une histoire. La narration se fait au second degré, c'est-à-dire que le narrateur au premier degré (celui qui a écrit les mots sur le papier) fait parler un de ses personnages et lui fait raconter une histoire. On

pourrait imaginer une histoire à la narration au premier degré commençant comme ceci:

> Jean-Marie Dupont avait horreur de dépenser son argent. Par tous les moyens il essayait d'économiser le capital qu'il était parvenu à se faire au cours de quarante années de parcimonie. Lorsqu'il rencontrait des amis dans la rue, il refusait toujours d'aller au café avec eux, prétextant que sa femme voyait ce genre d'activité d'un mauvais œil. En réalité, il avait peur de devoir payer sa tournée après avoir bu l'argent des autres. Un jour, le maire du village est venu chez lui faire une collecte pour une société caritative. Il n'a pas osé refuser d'apporter sa contribution à une si bonne cause et a donné un chèque au maire. (etc...)

2 Si l'inspiration vous manque momentanément, réécrivez *Martine* (texte 33) sous forme de sketch pour la radio ou une saynète que vous pourriez jouer avec d'autres étudiants.

Science et technologie

When you have completed your work on *Science et technologie*, you should be able to:

- analyse the features of a scientific biography;

- write a fictional or factual text relating to the theme of science and technology;

- identify the stylistic features of a text;

- correct and improve a text;

- comment on a passage;

- summarize the factual content of a passage.

Section 29

By the end of this *section* you will have learned how to:

- write the biography of a scientist or create a biography for an imaginary scientific genius.

Les textes sélectionnés pour ce thème décrivent des personnages et des événements qui ont contribué d'une manière capitale à l'évolution des sciences, des connaissances du monde naturel, et de la technologie, en France et ailleurs. En les étudiant, vous aurez l'occasion d'analyser et de commenter ces textes, ce qui vous aidera ensuite à écrire, à votre tour, différentes formes de narration. Nous vous proposerons aussi de vous entraîner de nouveau à corriger et à améliorer vos propres textes.

Dans cette activité-ci, vous allez essayer d'identifier pour vous-même les procédés stylistiques dont l'auteur s'est servi pour écrire un texte simple, clair et concis.

Activité 105

1 Lisez *Louis Pasteur et l'institut qui porte son nom* (texte 37).

2 L'auteur utilise différents procédés pour atteindre son but. Complétez le tableau ci-contre en utilisant des exemples tirés du texte.

Procédé utilisé	Exemple
Les temps	
Phrases courtes	
Propositions subordonnées placées en tête de phrase	

3   La biographie de Pasteur n'est pas seulement une suite d'informations simples, claires et concises! L'auteur met aussi en valeur le côté humain de l'aventure de Pasteur. Relisez le texte et relevez les verbes, les mots, les images qui illustrent, selon vous, l'enthousiasme et le dévouement du chercheur.

Dans cette activité, vous allez lire un texte pour rechercher les éléments qui lui donnent son caractère particulier.

Activité 106

1   Lisez *À la recherche d'un nouvel élément* (texte 38).

2   Prenant compte des éléments qui mettent en valeur le côté humain de ces biographies, répondez aux questions suivantes:

(a)   Comment l'auteur parvient-elle à nous faire sentir l'intérêt, l'importance et l'aspect dramatique de la vie de Marie Curie?

(b)   Par quels moyens ces biographies nous impressionnent-elles? Donnez autant d'exemples précis que vous pourrez.

Au cours de cette activité, vous allez passer à l'action et rédiger une biographie.

Activité 107

En vous servant des textes que vous venez d'étudier, rédigez un texte de 400 à 500 mots, dans lequel vous présenterez la vie et la carrière d'un scientifique (homme ou femme). Cela pourra être un personnage réel, un génie scientifique génial inconnu, ou un personnage fictif que vous inventerez. Dans votre rédaction, si vous le désirez, vous pourriez utiliser les procédés étudiés au cours d'activités précédentes, par exemple:

- présent historique;

- participes passés et présents;

- structures nominales (où un nom tient lieu de verbe);

- phrases courtes, clauses subordonnées en tête de phrase;

- déclarations qui résument la signification et la portée d'une découverte;

- images créés par les noms, verbes et adjectifs expressifs;

- faits frappants ou émouvants, présentés d'une manière simple et sans commentaire, déclarations dramatiques;

- citations significatives.

Section 30

By the end of this *section* you will have learned how to:

- write a narrative describing a voyage of exploration or a landmark technological achievement.

Au cours de l'activité qui suit, vous allez aborder un texte du XVIIIᵉ siècle.

Activité 108

1   Lisez d'abord *Approche d'une terre inconnue* (texte 35) et faites un travail de détective: trouvez les éléments (mots, expressions, etc.) qui selon vous montrent que ce texte date du XVIIIᵉ siècle.

2   Dans la grille à la page suivante vous trouverez des verbes au passé simple tirés du texte. Complétez-la, en indiquant dans la première colonne le pronom personnel qui convient à chaque forme verbale. Dans la dernière colonne écrivez l'infinitif correspondant au verbe conjugué.

Sujet	Passé simple	Infinitif du verbe
nous	aperçûmes	apercevoir
	nommai	
	eûmes	
	fit	
	courûmes	
	vîmes	
	apprirent	
	répondîmes	
	passa	
	pûmes	
	offrit	
	acceptâmes	
	attacha	
	donnâmes	
	furent	
	environnèrent	
	restèrent	
	retirèrent	
	crûmes	
	découvrîmes	

répondre • faire • voir • environner •
apercevoir • rester • courir • avoir •
attacher • pouvoir • découvrir • nommer •
accepter • donner • apprendre • offrir •
passer • être • croire • retirer

3   Vérifiez dans votre dictionnaire le sens des verbes ci-dessus que vous ne connaissez pas.

Au cours de cette activité, vous allez passer à l'action et rédiger un article sur l'histoire de la science et de la technologie.

Activité 109

À vous de créer le récit (de 200 à 250 mots environ) d'un événement remarquable au cours d'un voyage d'exploration, ou bien, si vous préférez, de raconter un épisode marquant dans le développement de la technologie. À titre d'exemple, vous pourrez choisir, entre autres, comme sujet:

*   la 'découverte' du continent américain;

*   le premier voyage de la Terre à la Lune;

*   l'invention du téléphone, de la radio, de la télévision ou de l'ordinateur éléctronique.

L'activité qui suit est un bon moyen de vous entraîner à la correction et à la précision grammaticale, tout en approfondissant votre compréhension de l'organisation interne de la phrase.

Activité 110

Complétez l'article qui suit à l'aide de mots qui, à votre avis, conviennent le mieux. Faites attention au sens autant qu'à la forme.

PLUS DE CHERCHEURS POUR LA FRANCE

D'ici à 2010, (1) _____ bon tiers des personnels de recherche travaillant (2) _____ les établissements publics à caractère scientifique et (3) _____ (EPST), comme le CNRS ou l'Inserm, (4) _____ à la retraite. Cette hémorragie naturelle de cerveaux est, (5) _____ longtemps, une source d'inquiétude majeure pour la communauté (6) _____ française: comment (7) _____ le renouvellement des générations de manière harmonieuse, sans procéder, comme par le passé, à des recrutements massifs en

« coups d'accordéon », décidés en dernier ressort?

En présentant, hier (8) _____ en Conseil des ministres, son plan de gestion (9) _____ et pluriannuelle de l'emploi scientifique, pour la (10) _____ 2001–2010, le ministre de la Recherche, Roger-Gérard Schwartzenberg, (11) _____ résolument pris le taureau par (12) _____ cornes.

En embauchant (13) _____ maintenant, plutôt que dans quatre ans, Roger-Gérard Schwartzenberg entend « *inciter les jeunes à entreprendre ou à* (14) _____ *des études scientifiques en leur offrant des perspectives claires et lisibles en termes de recrutement* ». Il entend (15) _____ profiter du « *vivier* » de doctorants et de jeunes docteurs, souvent très brillants, qui restent à la porte des organismes de (16) _____, faute de (17) _____. Son plan, qu'il assimile aussi à une « *opération de jouvence* », vise à « *rendre justice* » à nombre de ces jeunes chercheurs contraints de vivre durablement sur des contrats (18) _____ ou de s'expatrier à (19) l'_____. « *La France n'a pas vocation à servir d'institut de formation de jeunes docteurs pour le* (20) _____ *d'autres pays* », a fustigé le ministre, qui, après le mouvement de *brain drain* ((21) _____ des cerveaux) des quinze (22) _____ années, espère bien susciter un *back drain* (retour).

En plus de (23) _____ nécessaire opération « *rajeunissement* » (l'âge moyen des chercheurs et des enseignants chercheurs, est (24) _____ de 46 ans), le plan décennal s'(25) _____ de redéploiements d'effectifs vers les (26) _____ disciplinaires actuellement (27)_____ prioritaires. Il s'agit des sciences de la vie, des sciences et technologies de l'information et de la communication (STIC) et de (28) l'_____. Cela représentera pour la période 2001–2004, 20% des (29) _____ en retraite, soit l'équivalent de plus de 200 postes. Mais (30) _____ « fléchages » ne sont pas gravés dans le marbre.

(*Le Figaro*, 27 octobre, 2001)

Section 31

By the end of this *section*, you will have learned how to:

- express a point of view about a passage;
- correct and improve your text.

Au cours de l'activité suivante, vous allez avoir l'occasion d'exprimer une opinion personnelle sur un sujet scientifique.

Activité 111

1 Lisez d'abord *La force des neurones* (texte 39).

2 Donnez votre opinion, en 200 mots maximum, sur ce type d'innovation scientifique – effrayante ou merveilleuse – selon votre point de vue.

L'activité qui suit va vous donner l'occasion de revoir un travail et de l'améliorer, si possible.

Activité 112

Relisez le texte que vous venez d'écrire pour l'activité 111 et améliorez-le encore en appliquant les conseils donnés au cours des activités 107 et 109.

Section 32

By the end of this *section*, you will have practised:

- summarizing the content of a passage;
- evaluating your work.

L'activité suivante va vous permettre de faire un bilan de ce que vous avez appris dans Horizons. *Voici l'occasion d'exprimer une opinion personnelle sur vos progrès et d'établir une auto-évaluation de votre apprentissage.*

Activité 113

1   Faites une liste des éléments principaux du livre *Horizons* qui vous sont restés à l'esprit.

2   Décrivez en 200 à 300 mots ce que vous pensez avoir appris dans *Horizons* et montrez dans quelle mesure votre français écrit s'est amélioré.

La dernière activité du cours va vous donner l'occasion d'écrire une rédaction qui vous servira de bilan personnel de tout ce que vous avez appris depuis l'activité 1.

Activité 114

1   Relisez *Les appareils volateurs plus lourds que l'air* (texte 36) et *À la recherche d'un nouvel élément* (texte 38) et notez les idées clés de chacun d'eux.

2   Écrivez un texte de 300 mots en réponse à la question suivante: quelle est celle de ces deux découvertes qui a le plus changé l'humanité? N'oubliez pas de vous servir de tout ce que vous avez étudié et de tout ce que vous avez appris au cours des sections précédentes.

Corrigés

Bien dans sa peau

Activité 1

The nouns used in the extract are:

bonheur; métier; masse; gens; monde; apôtres; hiérarchie; soin; place; sommet.

Activité 2

In order to do this exercise, you have to choose from the words suggested by the dictionary. For example, the *dictionnaire des synonymes en ligne de l'Université de Caen* proposes 65 synonyms for the word *sottise*.

You need to choose a word or an expression which best corresponds to the general meaning given to the poem by its author. Remember that the poem itself has a meaning and that its individual elements help to create that meaning. Once you have found a synonym which 'feels' right, look it up in your bilingual dictionary to check that it also 'feels' right in your own language.

Here is a possible answer:

La bêtise, la méprise, la transgression, l'avarice,
Occupent notre cerveau et travaillent notre chair,
Et nous alimentons nos aimables regrets,
Comme les miséreux nourrissent leurs parasites.
Nos transgressions sont têtues, nos remords sont lâches;
Nous nous faisons payer grassement nos confessions,
Et nous rentrons gaiement dans le sentier bourbeux,
Croyant par de viles larmes laver toutes nos souillures.

You may wish to do this exercise with a poem in your own language – you may even find that you prefer the new version! This poses the question of whether a poem, painting or any other piece of art is ever finished!

Activité 3

This activity has no *corrigé*. The exercise shows the importance of knowing the gender of nouns in general. If, for example, you have written *un crêpe de Chine* and *une crêpe de Chine* your answer is not explicit enough. Which of these would you rather eat?

Activité 4

This activity has no *corrigé*. Its aim is to help you increase your active vocabulary and give you scope to vary your style.

Activité 5

Here is a list of possible synonyms for each noun:

les barrières *les obstacles (mentaux)*

l'impression *le sentiment*

le bonheur *le contentement*

des coupables *des responsables*

un conjoint *un époux*

un travail *un métier*

des ennuis *des problèmes*

la maladie *l'indisposition*

le problème *la complication*

des personnes *des individus*

le bonheur *le contentement*

un état *une condition*

de souffrance *d'affliction*

la souffrance *l'indisposition*

au bien-être *au contentement*

le jour *le moment*

les gens *les individus*

son lot *sa part*

d'épreuves *d'adversité*

de douleurs *de mal*

la souffrance *l'indisposition, l'affliction*

la joie de vivre *le bonheur*

la condition *la destinée*

The aim of this exercise is to encourage you to become proficient in the use of your dictionary.

Activité 6

While doing this exercise, did you bear in mind the overall context when choosing each word?

1 The only word that can be used here is *claire*.

2 *Plein* is part of the expression *plein jour*.

3 The context favours *jeune*, but you could also have written *petite* or *jolie*.

4 *Large*. You could have written *petit, grand* or *énorme* as the context does not state the exact size of the lawn.

5 *Jaune,* to go with the colour of butter.

6 *Nocturne.* To describe the moonlight, you could also have used *blafarde* or *lunaire*.

7 *Grande. Large* or *vaste* would also be correct here.

8 *Petit,* as the wooded area it describes is referred to as a grove (*bosquet*), not a forest.

9 *Bordé.*

10 *Longues. Larges* would also work here. (*Grandes* – although not in the list of possibilities – would not adequately convey the idea of the size of an avenue.)

11 *Vaste. Grande* or *immense* would also fit here.

12 *Inculte. Sauvage* could also be used, given that only gorse (*ajoncs*) grows here.

13 *Blanche.* Another colour, such as *grise*, would also be correct.

14 *Légère. Forte, pénétrante* or *subtile* would also be correct, given that they refer to smells.

If you wish, in a few days' time, cover the *encadré* and redo the exercise unaided to see how you fare a second time.

Activité 7

This activity has no *corrigé*. The online *dictionnaire des synonymes de l'Université de Caen* contains a large number of synonyms for some commonly used adjectives. For example, there are 183 synonyms for *mauvais*, 244 for *bon* and 208 for *beau*. This is because some adjectives describe moral as well as physical attributes.

Activité 8

1 Here is, for example, the description of a character by Maurice Leblanc, creator of the famous (or infamous) Arsène Lupin, burglar and gentleman:

> Valérie, qui avait l'air soucieux également, sortit de la chambre et gagna son boudoir. Elle y trouva un individu bizarre, [...] carré d'épaules, solide d'aspect, mais vêtu d'une redingote noire, ou plutôt verdâtre, dont l'étoffe luisait comme la soie d'un parapluie. La figure, énergique et rudement sculptée, était jeune, mais abîmée par une peau âpre, rugueuse, rouge, une peau de brique. Les yeux froids et moqueurs, derrière un monocle qu'il mettait indifféremment à droite ou à gauche, s'animaient d'une gaieté juvénile.

2 Here is an example of what you might have written if you had chosen antonyms:

> M. de Thaler entrait…
>
> Petit, gros, courbé, il avait une tête énorme, la figure bouffie, le nez écrasé et de courts favoris roux nuancés de fils d'argent. (Since the sideburns are now short, they cannot reach the middle of his chest!)
>
> Vêtu à la mode ancienne, il portait un de ces étroits pardessus à poils ras qui bombent les épaules, un pantalon serré du bas, un étroit col et une cravate foncée constellée d'un minuscule diamant et un chapeau à bords insolemment droits/raides.

Activité 9

1/2 Here is a description of Alger, written by Guy de Maupassant in 1881. We have underlined the words and expressions which denote the author's enthusiasm for what he saw.

ALGER

Féerie <u>inespérée</u> et qui <u>ravit l'esprit</u>! Alger a <u>passé mes attentes</u>. Qu'elle est jolie, la ville de neige sous l'éblouissante lumière! Une immense terrasse longe le port, soutenue par des arcades élégantes. Au-dessus s'élèvent de grands hôtels européens et le quartier français, au-dessus encore s'échelonne la ville arabe, amoncellement de petites maisons blanches, <u>bizarres</u>, enchevêtrées les unes dans les autres, séparées par des rues qui ressemblent à des souterrains clairs. L'étage supérieur est supporté par des suites de bâtons peints en blanc; les toits se touchent. [...]

De la pointe de la jetée le coup d'œil sur la ville est <u>merveilleux</u>. On regarde, <u>extasié</u>, cette cascade éclatante de maisons dégringolant les unes sur les autres du haut de la montagne jusqu'à la mer. On dirait une écume de torrent, une écume d'une blancheur folle; et, de place en place, comme un bouillonnement plus gros, une mosquée éclatante luit sous le soleil.

(Maupassant, G. (edn. 1902) *Au soleil*, Paris, Éditions Conard, pp. 13–14)

Activité 10

2 The relative pronouns which you had to underline are as follows:

(l'horizon réel) **qui**; **ce qui** (de l'après-midi); (jusqu'à) **ce que**; (le dernier coup) **qui**; (après) **lequel**; (le long silence) **qui**; (la partie) **qui**; (et) **qui** (me réconforterait).

Activité 11

Here are the two original texts:

(a) J'aime beaucoup les promenades qui n'ont pas de but particulier. Ce sont celles qui me donnent le plus de satisfaction. En effet, lorsqu'on n'a rien prévu, on est surpris sans cesse par tout ce qui apparaît devant soi. Au tournant d'un chemin, à l'extrémité d'un sentier boisé qui serpente dans la forêt, on est toujours surpris par un changement dans le paysage ou tout simplement par l'absence de tout changement.

(b) Quand on est bien dans sa peau, tout vous paraît agréable ou du moins neutre. Il suffit qu'on ne soit pas dans son assiette et notre environnement devient hostile. Que ce soit le mauvais temps qui semble pire que d'habitude, ou simplement les transports en commun qui sont toujours en retard dans ces moments-là. Sans parler des collègues qui ont l'air de vouloir vous ennuyer à tout prix.

Activité 12

This activity has no *corrigé*.

Activité 13

Here is an example of what you might have written:

C'est l'histoire d'un fermier qui a des enfants qui veulent quitter la ferme, laquelle ne produit pas grand chose. Le vieux fermier essaie de convaincre les enfants qui veulent quitter la ferme de rester. Il réunit sa famille un soir et dit à ses enfants:

« Cultivez les terres pendant la bonne saison qui va du printemps à la fin de l'été. Et, pendant la mauvaise saison, cherchez le trésor qui est enterré quelque part dans un champ. Malheureusement, je ne sais pas où est caché le trésor que mon père a enterré dans un champ. » Chaque année, les enfants ont retourné la terre partout. Et chaque année, ils ont eu des récoltes magnifiques. Les récoltes les ont rendus très riches. Un jour, un fils a compris ce que leur avait dit le père. Le trésor, c'est le travail.

Activité 14

Here is a text which reminisces about a bygone era in a small French town. We have emboldened the relative pronouns and underlined the adjectives.

Je m'en souviens comme si c'était hier. J'avais cinq ou six ans. Ce jour de vacances d'été, je me suis réveillé très tôt. Il faisait grand jour et le soleil brillait. Je me suis levé tout de suite et je suis allé faire une petite promenade avant de prendre mon petit-déjeuner. À cette époque, la rue était un terrain de jeu **où** passaient parfois de rares voitures. Comme mon quartier était situé en bordure de ville, sur une hauteur **qui** dominait des champs et de vastes prairies, il y reignait un calme complet à cette heure matinale, un calme **que** l'on ne connaît plus de nos jours. La campagne était baignée par une lumière dorée et les champs se déroulaient à perte de vue montrant une alternance de vert et de blond selon qu'ils étaient cultivés pour des céréales ou du foin. Le ciel était bleu et quelques petits nuages blancs semblaient suspendus au dessus de la paisible campagne, comme pour la mettre en valeur. Les oiseaux chantaient dans les arbres et dans les haies fleuries. On entendait de très loin quelque charrette lente **dont** les roues faisaient crisser les cailloux des chemins. Je me suis assis sur l'herbe haute d'un talus et j'ai écouté ce concert champêtre et matinal pendant très longtemps. Ce bruit nostalgique de voitures invisibles tirées par des chevaux résignés continue à résonner dans mes oreilles abassourdies de citadin.

Activité 15

Here is an example of what you might have written:

Je la contemplais, affligé, étonné, ravi par le pouvoir de la passion! Cette jeune femme fortunée avait suivi cet individu, cet agriculteur. Elle était devenue elle-même une exploitante agricole. Elle s'était habituée à son existence sans agréments, sans faste, sans raffinements; elle s'était faite à ses coutumes ordinaires. Et elle l'aimait encore. Elle était devenue l'épouse d'un homme grossier.

Activité 16

Here is an example of what you might have written:

Les nécessités élémentaires étant désormais satisfaites, l'organisation de la production et de la consommation des richesses américaines a créé de récentes aspirations, provoquant l'acquisition de biens de consommation inutiles dont la renommée compte plus que l'importance véritable. La réclame entretient alors le ressentiment des personnes pour leur proposer ensuite l'achat comme antidote. Ainsi empêche-t-elle la rébellion en offrant des modifications pitoyables. Dans le champ de l'honnêteté, elle a adhéré au renversement des qualités morales: la mise en valeur de l'hédonisme et de l'absence de contrainte a remplacé la promotion du labeur. Mais c'est une chausse-trappe car cette absence de contrainte n'est que celle de consommer. La réclame devient alors une exclusion plus récente.

Activité 17

Here is a possible answer:

Je suis entièrement d'accord avec ce dicton. Comment peut-on être heureux et mener une vie normale lorsqu'on a mal aux dents ou une blessure à la suite d'un accident?

Je me sens bien mentalement lorsque mon corps fonctionne bien. En fait, lorsque je ne suis pas conscient(e) de mon anatomie.

Si votre cor au pied vous rappelle sans arrêt son existence, vous devenez moins agréable envers les autres. En effet, lorsque quelque chose ne va pas, nous y pensons plus ou moins, suivant la gravité du cas, et cela nous empêche de nous livrer complètement à nos occupations normales. Par suite, il est plus difficile d'être optimiste lorsqu'on est malade.

Clefs en main

Activité 18

2 Text A is written mostly in the future tense since the events have not yet taken place. You will have noticed that the use of the future (rather than the present) emphasizes both the time factor and the speculative nature of the events which will take place. This is further stressed by the use of the verb *devoir* in the future, which adds the sense of 'for all to go well, it should'.

Text B is written in the present tense. This use of the present to describe an event that took place in the past is not uncommon in French and has the effect of making the events more immediate and more dramatic. It is referred to as the *présent historique*. Some authors writing in English use the historic present tense for much the same reasons, especially when wishing to convey a 'stream of consciousness.'

Text C is written in the perfect tense. It starts with a specific adverb of time and describes a particular series of events in the past which make up a single incident.

Text D uses both the imperfect tense and the past historic tense (*passé simple*) for different purposes. The imperfect is used to show the continuous movement of the production line work, whereas the past historic is being used in the same way as the perfect tense would be, to indicate the sequence of Élise's actions as she moves round the factory floor.

The verbs in Text E are in the imperfect tense since the author wishes to convey the fact that the events described were part of a regular routine. If it had been written in the perfect or past historic then that would have indicated that the event took place on one occasion only.

For more information about the use of tenses refer to your grammar book.

Activité 19

1 The correct versions of the verbs are: est intervenue; a renchéri; est monté; ont commencé; ne s'est plus jouée; ont pris note; a remué.

2 You have altered the tone of the text by placing it firmly in the past as a single event. The immediacy of the historic present has been lost, but it may suit your purpose better depending on the overall context and the target audience.

3 The correct versions of the verbs are: a eu; s'est passé; s'est séparée; a dû; lui a permis; a dû; a allumé; a fallu; a fait.

4 You have now altered the perspective completely – the events now take place in the past. Note how you had to alter both the original future and present tenses in order to achieve consistency.

Activité 20

2 Here is a possible version. You may have changed more details within the original than we have, but check the verbs in particular carefully. Think of a new title in French to give to your article.

Au XXIᵉ siècle en entrant dans beaucoup de restaurants, le client <u>passera</u> d'emblée devant deux grands présentoirs. Outre des salades variées, près de quarante plats cuisinés <u>s'aligneront</u> dans leur boîte: tripes à la mode de Caen, poulet basquaise, bœuf bourguignon, poulet fermier, et des recettes du maître chef, cuisinier conseil du Café Bernard, le parmentier au confit ou le pavé de sandre. Un choix vaste qui <u>évitera</u> la monotonie et <u>permettra</u> au restaurant de fidéliser sa clientèle. « En effet, <u>soulignera</u> le patron du Bernard », nous <u>aurons</u> une très forte clientèle d'habitués dont beaucoup de femmes. Nous <u>travaillerons</u> essentiellement au déjeuner et <u>fermerons</u> à 21 heures. La formule (6 euros 50 pour un plat, un dessert et une boisson) <u>représentera</u> 40% des plateaux. Elle <u>concurrencera</u> largement en prix celle des bistros, ou d'autres établissements de restauration rapide. »

Une fois le plateau choisi, il <u>suffira</u> de se rendre à la caisse placée devant un mur tapissé de fours à ondes électriques. Addition réglée, le client <u>prendra</u> place dans une salle agréable (80 places assises) au plancher en iroko et aux murs recouverts de panneaux en érable blond. Le plat, présenté dans une assiette, <u>sera</u> servi à bonne température et quelques minutes plus tard par une serveuse. Pour moins de dix euros, on <u>déjeunera</u> fort bien. Le Café Bernard alignant 380 références, les plats du jour des jours suivants <u>seront</u> différents.

Activité 21

2 Here is a possible version in which the prices have been updated to euros and centimes and some other details changed to bring the content into the 21st century.

Ce qui se passera à Bordeaux au cours du XXIᵉ siècle

Au XXIᵉ siècle, les hypermarchés et les supermarchés auront tué toutes les épiceries du coin et tous les magasins spécialisés au centre de nos villes.

Savez-vous quel sera le prix de cette transformation?

Vous payerez/paierez deux euros cinquante centimes les cerises, les groseilles, les brugnons qui autrefois valaient dix centimes!

Vous payerez deux euros les fraises qui valaient dix centimes, et un euro le raisin qui se payait quinze centimes!

Vous payerez quatorze à quinze euros le poisson, le poulet, qui valaient cinq euros!

Vous payerez deux fois plus cher qu'autrefois l'électricité, qui aura triplé de prix. Votre cuisinière, dont le livret à la caisse d'épargne offrira un total supérieur à celui des économies de votre femme, s'habillera aussi bien que sa maîtresse quand elle aura congé!

L'appartement qui se louait 400 euros en 2000, se louera 1 000 euros en 2010.

La vie qui en 2000 se frayait à mille euros, ne sera pas en 2010 si abondante à 3 000 euros!

La pièce de deux euros sera devenue beaucoup moins que ce qu'était autrefois la pièce de deux francs!

Mais aussi vous aurez les chauffeurs de taxi en uniforme qui liront, en vous attendant, un journal ou un magazine écrits, sans doute exprès, pour eux.

Enfin vous aurez le plaisir de voir sur un panneau de publicité de supermarché; « Positivez chez Untel » ou « Les jean's Machin », ce qui vous montrera le progrès de l'enseignement dans nos collèges et nos lycées!

Activité 22

1 You will have identified the following adverbs:

facilement; déjà assez; donc alors; notablement; souvent; aussi; le moins possible.

2 In this context the text seems poorer without adverbs, but of course there are occasions when too many adverbs could spoil the style rather than improve it.

3 Possible synonyms for the adverbs above are:

sans difficulté; toujours tellement; certainement; considérablement; fréquemment; en plus; aussi peu que.

Activité 23

2 The adverbs used in the original text are as follows:

(1) exactement; (2) autrefois; (3) actuellement; (4) maintenant; (5) dans deux jours; (6) autrefois.

Activité 24

2 The adverbs used in the original text are as follows. You may have substituted others with similar meanings.

(1) soudain; (2) toujours; (3) déjà; (4) entièrement; (5) régulièrement; (6) normalement; (7) encore; (8) constamment; (9) cependant; (10) bientôt; (11) suffisamment

Activité 25

Here is a possible version. You may have adopted a more serious tone.

Randonnées pour les pantouflards

Les randonneurs modernes qui veulent se vanter auprès de leurs collègues d'être allés à pied dans les montagnes, mais qui sont des paresseux invétérés, peuvent facilement adopter la formule « Randonnées pour les pantouflards » pour éviter le stress des activités énergiques.

Deux ou trois semaines avant de partir en vacances, laissez votre voiture chérie à 100 mètres du bureau, bien à l'écart, et arrivez chaque jour en short et T-shirt, le sac au dos. Pendant la journée, ne prenez jamais de café, buvez plutôt un jus de fruit à onze heures et prenez un yaourt à midi. Vous pouvez vous rattraper le soir chez vous avec un dîner copieux, arrosé d'un vin de grand cru. Parlez sans cesse avec vos collègues de jogging, de tentes, de bottes « tout terrain » et de l'air fort et vivifiant des montagnes.

Quand vous arriverez à votre hôtel « Au Pantouflard » (5 étoiles), un bon dîner copieux vous attendra. Le lendemain, vers onze heures, vous serez transporté(e) confortablement dans un car climatisé jusqu'au sommet de la 'montagne'. Ne portez surtout pas de bagages, tout juste une bouteille d'eau et votre appareil photo pour prendre de belles photos du sommet. Vous n'aurez besoin ni de cartes, ni de boussoles, ni de pharmacie de poche – votre gentil guide s'occupera de tout. Vous n'aurez que deux kilomètres de promenade en aval à faire pour arriver à l'endroit où un excellent pique-nique sera prêt.

Après le repas, on vous conseillera de faire un petit sieste d'une heure (sur des lits de camp luxueux disposés à l'ombre) et puis vous serez transporté(e) au sommet de la prochaine petite montagne. Encore deux kilomètres de descente facile et vous arriverez bien décontracté(e) dans un hôtel tout confort. Votre chambre sera prête et vous y trouverez bien sûr vos bagages. Repos complet le deuxième jour et ainsi de suite. À la fin de la semaine vous retournerez en car à votre premier hôtel, ayant fait une randonnée de 80 kilomètres, dont 10 kilomètres à pied.

N'oubliez surtout pas de montrer plusieurs fois à vos collègues les photos que vous aurez prises des sommets!

Activité 26

(a) L'inspecteur Maigret a été souvent aidé par les concierges.

(b) Le projet a été commencé par Yves Gonnard.

(c) Bientôt un système électronique de surveillance dans l'immeuble sera installé par les propriétaires.

(d) Toutes les industries 'sub dio' ont été tuées par la boutique.

(e) Plusieurs plats du jour sont offerts à ses clients par le patron du restaurant.

Activité 27

(a) La construction de la bibliothèque sera terminée en l'an 2020.

(b) Le nouveau maire de Paris a été élu au mois de mars.

(c) La Pyramide a été installée malgré des protestations de certains dans la Grande Cour du Louvre.

(d) L'Opéra de la Bastille a été construit au cours du premier septennat de François Mitterrand.

(e) Les pièces de théâtre de Molière étaient jouées plusieurs fois par an au XVIIe siècle.

Activité 28

(a) On a appelé ce style d'architecture « façadisme ».

(b) On créait régulièrement une urbanisation à l'américaine.

(c) Maintenant on pratique l'opposé de ce qui s'est passé autrefois.

(d) On exigera des caméras sur les stades.

Activité 29

(a) Les robots pour faire des tâches ménagères s'achèteront très cher.

(b) Cela se disait souvent dans le temps.

(c) Le théâtre s'est vidé rapidement à l'entr'acte.

(d) Les téléphones mobiles se vendent comme des petits pains.

Activité 30

The 'impersonal' constructions in the original text are as follows:

> on a installé; ont pu être sauvées; on peut donc dire; se sont développés; ont été installées; est cité; s'avère exagéré; on y a installé.

Here is a possible version of an open letter expressing a point of view. The grammatical features which you were asked to include in the body of your letter are underlined. Check your own version in the same way.

Douvres-les-deux-temples, le 7 mai 2020

Monsieur/Madame,

<u>On est</u> de plus en plus conscient de nos jours du fait que la vidéo-surveillance fait partie intégrante de notre vie. Au début je dois vous avouer que je m'inquiétais devant la croissance de ce phénomène dans notre région. Partout sur les routes des caméras <u>ont été installées</u> pour faire ralentir la circulation – *Big Brother* est omniprésent.

L'expérience <u>se montre</u> pourtant efficace puisque nos villages ont connu moins d'accidents routiers.

Dans nos villes et devant nos écoles <u>on voit</u> davantage de caméras – est-ce que nous sommes surveillés tout le temps? Est-ce que nos libertés civiles <u>ne sont plus respectées</u>? Mais, puisque je n'ai rien à cacher, pourquoi devrais-je m'inquiéter? Le soir, le constat est bon – moins d'effractions, moins de bagarres, moins d'agressions.

Est-ce que <u>je</u> me sens contrôlée, manipulée, réprimée? Ma foi, non! Au contraire, <u>je</u> me

---

sens libérée, moins menacée. <u>J</u>'admets que le côté abusif de la vidéo-surveillance existe, mais toute considération faite à mon avis le bilan est positif. Vive les caméras!

Je vous prie d'agréer, Monsieur/Madame, l'expression de mes sentiments respectueux.

Céline Drouot

Activité 31

3 Here is a possible version which has made use of the factual information provided in the original passage. You may have added more details from personal knowledge or from your imagination. We have underlined some of the stylistic features which we feel have enlivened the text and contributed to a feeling of enthusiasm. Do the same check on your version.

> La ville de Grenoble, capitale des Alpes, est <u>exceptionnellement belle</u>, et <u>on y trouve</u> de la nature, de la culture, des sports et des loisirs. Son environnement comporte <u>bien sûr</u> la montagne, des lacs <u>spectaculaires</u>, des stations de ski <u>mondialement connues,</u> des terrains de golf <u>à faire rêver</u>. <u>En plus</u> elle est ancienne ville olympique avec toute l'infrastructure <u>moderne</u> que cela implique. Tout cela témoigne du fait que l'on peut y pratiquer beaucoup d'activités de loisir.
>
> C'est aussi une <u>ville pionnière</u> dans le sens qu'elle offre une <u>énorme</u> gamme d'industries, de recherche et d'installations culturelles.

Activité 32

Here is a possible version. Note how we have reduced the original interview to a piece of continuous prose containing the main points mentioned by Lambert only. The change to indirect speech has not been signalled in our version, but you may have included such phrases as 'Lambert a dit …', 'Lambert a expliqué que…'.

Look for the adverbs and the verb constructions we have used. When you compare your own version, make the same sort of analysis of what you have done.

Les vieilles façades ont la peau dure

Le terme « façadisme » s'applique à une méthode de reconstruction de quartiers entiers qui consiste à tout rebâtir à neuf sauf les façades anciennes d'immeubles qui sont systématiquement conservées. C'est un nouveau mot qui a été inventé il y a une quinzaine d'années par un Canadien pour décrire les opérations postmodernes de conservation déployées en Amérique du nord aussi bien qu'en Europe. Le façadisme a des antécédents très anciens, mais néanmoins, de nos jours, on pratique le contraire de ce qui s'est passé autrefois. Au XIXᵉ siècle, les pouvoirs publics imposaient la construction de façades neuves pour mieux cacher les quartiers anciens. Lors du percement de la rue Montmartre, par exemple, le préfet de Paris a obligé les propriétaires à élever des façades Louis-Philippe sur les restes de ces maisons du Moyen Âge. Jusqu'au XXᵉ siècle on menait donc une politique administrative qui privilégiait surtout la neutralité et l'uniformité. Ce façadisme ancien a fait un retour en arrière et a effectué un retour au passé surtout à cause de la dévastation de la guerre de 14–18. Des milliers de villes et de villages ont été entièrement rebâtis et on a reconstruit les façades pour faire disparaître les traces de la guerre, mais, derrière ces façades anciennes, l'aménagement est complètement moderne, aéré, fonctionnel.

C'est la génération de la Seconde Guerre qui a cru à l'architecture moderne, mais la médiocrité de bien des réalisations modernes a provoqué une réaction violente, et c'est cela qui a amené plus tard le retour à une réglementation plus stricte. Dans la mesure où il est purement cosmétique, le façadisme apparaît comme une solution pauvre pour préserver le paysage urbain, mais, d'un autre côté, si on ne défend pas du tout les façades anciennes, on permet aux forces du marché de créer une urbanisation totalement à l'américaine.

Expression artistique

Activité 33

This activity has no *corrigé*, but look carefully at the example in the activity section and check your work for errors of agreement and spelling. Use a dictionary of synonyms where appropriate.

Activité 34

Here are some possible sentence completions drawn from the subject matter of the interview:

(a) Mon père était hôtelier-restaurateur à Vichy donc je n'ai jamais connu de maison familiale. (simple)

Mon père était hôtelier-restaurateur à Vichy, ce qui a peut-être provoqué ce besoin de solitude que j'éprouve toujours aujourd'hui. (complexe)

(b) Ma mère a abandonné son métier quand elle s'est mariée. (simple)

Ma mère a abandonné son métier, ce qu'elle a regretté parce qu'elle n'a pas pu réaliser son rêve. (complexe)

(c) J'ai dû écrire un discours d'acceptation à l'Académie, chose que je n'aime pas faire. (simple)

J'ai dû écrire un discours d'acceptation à l'Académie où j'ai donné quelques éclaircissements sur la personne qu'ils viennent d'installer dans ce fauteuil. (complexe)

(d) J'ai toujours été curieuse et j'ai toujours voulu savoir pourquoi on fait les choses. (simple)

J'ai toujours été curieuse, ce qui a provoqué l'habitude de passer en revue constamment le moteur de mon existence. (complexe)

(e) Le temps était venu d'être autonome et indépendante. (simple)

Le temps était venu d'être autonome et de montrer ce dont j'étais capable. (complexe)

Activité 35

2 The first paragraph is the introduction which picks up the title and serves to set out the problem.

The second paragraph sets out the reserves the writer has about the quality of dubbing.

The third paragraph looks at an alternative solution but rejects it.

The fourth paragraph comes to the conclusion that dubbing is a necessary compromise, and so returns to the title of the text.

The signals in French which take us through the argument could be listed as:

Si …, c'est parce que …; Ceci dit, …; Quelle autre possibilité existe-t-il?; Bien entendu…; … mais …; Que faire donc?; … il faut accepter…

Activité 36

2

- The 'sentences' which begin with conjunctions are:

Mais… (paragraph 2); Mais… (paragraph 4); Et surtout… (paragraph 5); Mais former… (paragraph 5)

Some grammarians would classify these as bad written style. However, in speech and in journalism they are a common feature.

- The 'sentences' without conjugated verbs are:

« Attention, loups. Promenade déconseillée. » (paragraph 2)

Lâcher des cervidés pour rassurer les chasseurs, indemniser sans discuter les propriétaires pour chacune des brebis tuées, et améliorer les conditions de travail des bergers, en construisant des cabanes et en améliorant l'adduction d'eau. (paragraph 4)

Et surtout, les aider à protéger les troupeaux. (paragraph 5)

Résultats: cinq bêtes tuées, contre une trentaine l'année précédente. (paragraph 5)

Similarly, these constructions are features of a journalistic style which often closely imitates that of direct speech. They are not considered to be good practice in more literary styles.

- The reporter used sixteen quite short sentences which averaged twelve words each. This style was no doubt deliberate and designed to make the points in the argument clear and concise. By contrast, those who were interviewed and reported in direct speech used six sentences with an average of 26 words in each. This is typical of natural speech patterns which are not crafted for a specific purpose.

4 Here is a possible version which contains 205 words in four sentences with an average of 51 words each. We have underlined the places where connectors have been used or where phrases have been combined, to show how we have linked the short sentences.

Officiellement les dix premiers loups, repérés il y a trois ans dans le Mercantour, sont venus d'Italie, attirés en France par l'abondance des mouflons, des chamois… et surtout des brebis, puisque plus de 80 000 ovins passent l'été dans la montagne, dont l'an dernier, plus d'une centaine (135 selon le parc national, 172 selon les éleveurs) ont été tués par les loups.

En principe, le propriétaire est indemnisé, mais c'est long et souvent difficile de prouver que le prédateur n'était pas un chien errant et donc, avec l'arrivée des premiers transhumants, l'inquiétude gagne l'arrière-pays niçois et la rumeur court que les loups seraient au moins cinquante et qu'ils auraient été introduits volontairement par les responsables du parc qui ont d'ailleurs balisé les chemins d'une abondance d'affichettes portant l'avis « Attention, loups. Promenade déconseillée. »

L'an passé, pour aider les bergers à protéger les troupeaux, le parc a donné à l'un d'entre eux un couple de chiens pastou, seule race qui n'a pas peur d'attaquer les loups et il en résultait que cinq bêtes seulement ont été tuées, contre une trentaine l'année précédente. Il faudrait équiper d'autres bergers, mais il est évident que former les chiens prend du temps, ce qui veut dire que pour cet été, c'est déjà trop tard.

By lengthening the sentences in this way, we have changed the short, sharp journalistic style into a more flowing literary style. Choice of style depends on the target audience and on what effect you wish to create. What do you feel has been the effect of the style change on the tone of the passage?

Activité 37

2/3 Here are two possible versions, now broken up into a greater number of sentences – with apologies to Proust. One follows roughly Proust's word order, the other does not. Go carefully through each version and through your own, underlining the changes in the same way as we have done in Activity 36. By making the sentences simpler and shorter you may have understood the paragraph better. However, by changing the style you may feel that you have destroyed the 'stream of consciousness' effect of the original text and that it has therefore lost its principal quality.

(a) J'ai reconnu le goût du morceau de madeleine trempé dans le tilleul. C'est ma tante qui me le donnait. La vieille maison grise sur la rue vint s'appliquer comme un décor de théâtre au petit pavillon donnant sur le jardin. Sa chambre était dans cette maison. On avait construit ce pavillon pour mes parents sur les derrières de la maison.

Avec la maison, la ville et la Place. On m'y envoyait avant déjeuner. Les rues où j'allais faire des courses depuis le matin jusqu'au soir et par tous les temps. Les chemins qu'on prenait si le temps était beau. Dans un jeu les Japonais s'amusent à tremper dans un bol de porcelaine rempli d'eau, de petits morceaux de papier jusque-là indistincts. Ils y sont plongés. Ils s'étirent. Ils se contournent. Ils se colorent. Ils se différencient. Ils deviennent des fleurs, des maisons, des personnages consistants et reconnaissables. De même toutes les fleurs de notre jardin et celles du parc de M. Swann, et les nymphéas et la Vivonne, et les bonnes gens du village et leurs petits logis, et l'église et tout Combray et ses environs, tout cela prend forme et solidité. La ville et les jardins sortent de ma tasse de thé.

(b) Et dès que j'eus reconnu le goût du morceau de madeleine trempé dans le tilleul que me donnait ma tante […], la vieille maison grise, où était sa chambre qui donnait sur la rue, vint s'appliquer dans mon esprit comme un décor de théâtre au petit pavillon qu'on avait construit derrière pour mes parents. Ce pavillon donnait sur le jardin. La maison, la ville, la Place où on m'envoyait avant déjeuner, les rues où j'allais faire des courses depuis le matin jusqu'au soir et par tous les temps, me revinrent en mémoire, tout comme les chemins qu'on prenait si le temps était beau. Des maisons, des personnages consistants et reconnaissables, de même maintenant que toutes les fleurs de notre jardin et celles du parc de M. Swann, ainsi que les nymphéas et la Vivonne, les bonnes gens du village et leurs petits logis, l'église, tout Combray et ses environs, tout cela prit forme et solidité, et sortit, ville et jardins, de ma tasse de thé à la façon de ce jeu où les Japonais s'amusent à tremper dans un bol de porcelaine rempli d'eau de petits morceaux de papier jusque-là indistincts et qui, à peine y sont-ils plongés, s'étirent, se contournent, se colorent, se différencient et deviennent des fleurs.

Activité 38

2 Here is a possible version of the interview in indirect speech:

Jeanne Moreau est aujourd'hui la première femme membre de l'Académie des beaux-arts. Sa première réaction, quand Roman Polanski lui a demandé si elle accepterait de se soumettre aux élections, a été négative. Elle traversait une période de création, en préparant une pièce et elle n'avait pas envie de s'exposer, mais elle s'est dit que c'était absurde de refuser. Elle pensait que ce serait un signe d'orgueil et qu'il fallait savoir recevoir des cadeaux aussi bien que de les offrir. Son père lui disait: « Les honneurs ça vaut mieux qu'un coup de pied au cul » et elle était d'accord que plutôt que d'être fustigée, mieux valait être cajolée. En plus, cela lui a permis de faire un travail intérieur et de passer en revue ce qui était le moteur de son existence, de savoir pourquoi on faisait les choses et à quoi elles correspondaient.

Jeanne Moreau a bien sûr des petits moments d'introspection, au quotidien, en fin de journée ou au catéchisme quand elle était petite fille, mais elle ne regarde pas généralement en arrière. Dans son discours d'acceptation elle a donné quelques éclaircissements sur la personne qu'ils venaient d'installer dans le fauteuil, sachant que les gens vous connaissent à travers une image, mais aussi elle a gardé ses secrets.

Elle a révélé des souvenirs d'enfance et son besoin de solitude. Ses parents faisaient un métier public – son père était hôtelier-restaurateur à Vichy – et donc elle n'a jamais connu ni maison familiale ni chambre à elle. Jeune, elle n'a pourtant jamais connu l'ennui à Vichy où il y avait un climat très passionnel.

Sa mère anglaise, danseuse dans la troupe des Tiller Girls, a rencontré son père à Montmartre dans son restaurant de la Cloche d'Or. Elle avait abandonné son métier – à regret – quand elle s'est mariée. Son père s'était opposé jusqu'au bout à sa vocation, ce qu'elle a considéré comme un avantage, puisque cela la forçait à travailler encore plus pour réaliser son rêve. Toute sa vie, elle a voulu prouver à son père qu'elle avait raison.

Activité 39

Here is the original order. Did you agree? If not, think about why you changed the order. You may have a point!

(ii) – (the problem); (i) – (more detail);
(iv) – (two possible solutions to the problem);
(iii) – (the decision).

Activité 40

Here is the original order:

(iv) – (summary of what preceded);
(iii) – (first point of view);
(ii) – (second point of view);
(i) – (a way forward).

The order (iv), (ii), (i), (iii) is also possible. Note that in this conclusion the author has not given a personal point of view.

Activité 41

Here are some ideas for each category:

(i) There is no *corrigé* for this part of the activity. (See ii, below).

(ii) Classez-les en deux groupes, pour et contre la proposition:

(**pour**) développement d'une langue universelle / profiter de l'expertise américaine / briser l'isolement des Américains en introduisant d'autres idées plus larges / profiter des moyens disponibles dans l'industrie américaine / moins de duplication et de gaspillage de ressources, etc.

(**contre**) défense de la culture propre à chaque pays individuel / prise en compte des talents des acteurs de langue française / des talents de tous les techniciens / maintenir diversité et richesse culturelles dans le monde / lutter contre la réduction du choix et de la liberté individuelle / protéger la diversité linguistique dans le monde, la francophonie, etc.

(iii) Faites le bilan de ces idées et formulez votre jugement personnel (la conclusion):

bonne idée / meilleure utilisation des ressources / moins de gaspillage de moyens maintenant / encourager une langue universelle.

(iv) Esquissez la suite logique de votre raisonnement et le plan que vous allez adopter (l'introduction):

présenter en bref le sujet du débat / les problèmes à considérer / le schéma de l'argumentation à suivre.

Activité 42

1 Here is a possible version:

Introduction:

La proposition que les Américains ont suffisamment de moyens à eux seuls pour fournir au monde entier le nombre de films demandés par les spectateurs et qu'il vaudrait mieux les laisser faire est peut-être valable si l'on ne tient compte que des moyens financiers et de la capacité de production de Hollywood. Si par contre, on considère la richesse culturelle, la diversité des perspectives, des idées, et de l'héritage linguistique des différents pays, on s'aperçoit alors tout de suite qu'une domination américaine entraînera une dégradation du patrimoine intellectuel du monde entier et risquera de s'étendre peu à peu dans le domaine culturel en général, y compris celui de la littérature et du théâtre, sans oublier la télévision. Examinons ces deux aspects de cette domination.

Pour:

D'abord, un cinéma uniquement Hollywoodien supposera un cinéma en langue anglo-saxonne. Mais pourquoi ne pas privilégier la propagation d'une langue universelle? C'est un processus déjà entamé. Selon certains, cela contribuera à une meilleure compréhension entre les peuples. En plus, cet isolement des Américains sera réduite par tant d'influences multinationales fournies par la présence d'acteurs venus de partout dans le monde. Du côté des ressources le gaspillage et la duplication seraient réduites.

Contre:

De l'autre côté, tous les pays ont un patrimoine culturel digne d'être sauvegardé. L'industrie cinématographique fait partie de cette culture. La vie intellectuelle de chaque pays sera appauvrie par l'absence de gens de talent, comme les directeurs, les acteurs et les techniciens. Sur le plan linguistique, la lutte contre l'américanisation de nos langues – et donc de nos idées – est déjà assez difficile, sans sacrifier un tel outil de propagande à 'l'adversaire'. Comme dans le monde industriel où fusions et monopoles réduisent notre gamme de choix et menacent même notre liberté individuelle, capituler devant Hollywood serait un premier pas vers une homogénéité culturelle désastreuse.

Conclusion:

Précisons aussi que le prix de cette capitulation sera très élevé. Comment pourrait-on continuer à défendre la diversité culturelle et linguistique qui existe dans le monde et qui le rend si riche en idées? Comme pour la bio-diversité on ne connaît pas précisément la vraie valeur de cette hétérogénéité, mais on ne peut courir le risque de ne la reconnaître qu'après l'avoir détruite. Donc il faut résister par tous les moyens à l'américanisation de nos cultures, comme on résiste à la destruction de notre environnement.

Activité 43

Follow the same method as you used in Activity 41 to gather your thoughts together on the three topics and to produce a plan. Since you have already decided which side you are on there is no need necessarily to present both sides of each argument, although it may be more effective to present the other side and then disagree with it, rather than ignore it altogether!

Activité 44

This activity has no *corrigé*.

Activité 45

This activity has no *corrigé*, but make sure you apply the self-evaluation checks listed in Activity 42.

L'environnement en danger

Activité 46

Here is an example of what you might have written. You may wish to note the expressions underlined, which can be used in letters to officials.

Jean Aimar[1]

3, rue du Parc

St Josse-lez-Cassel

Le 7 juillet 2002

Jean Aimar

À Madame Dupont, maire

À St Josse-lez-Cassel

Objet: Implantation du conteneur à verre à l'entrée du parc municipal

J'ai l'honneur de porter à votre connaissance que les résidents de la rue du Parc trouvent que la récente implantation d'un conteneur à verre usagé constitue une nuisance sérieuse. En effet, les éclats de verre et les tessons de bouteilles qui tombent sur le trottoir constituent un danger sérieux pour les passants qui empruntent la rue du Parc ainsi que les riverains. En hiver, ces morceaux de verre sont cachés sous la neige ou sont fixés au trottoir par le gel, ce qui constitue dans les deux cas un danger certain. En été, l'odeur des bouteilles et des récipients mal lavés interdit aux habitants de la rue du Parc d'ouvrir leurs fenêtres. Sans compter les nuages de mouches qui volent au dessus du conteneur! Voici, Madame la Maire, les raisons pour laquelle les riverains de la rue du Parc font appel à votre bienveillance pour implanter le conteneur à verre dans un autre endroit de la ville où la nécessité de recycler le verre ne sera pas accompagnée par les inconvénients que nous subissons rue du Parc.

Veuillez agréer, Madame, l'expression de mes sentiments respectueux.

Jean Aimar

[1] Homophone for *J'en ai marre* (I'm fed up to the back teeth). (Familiar)

Activité 47

See the first three paragraphs of text 4, *Excursions à pied*, for the answers. Remember to use slang words with caution as, from a non-native speaker, they could be inappropriate.

Activité 48

2   'pébroque' (parapluie); 'un bon paquet' (un certain nombre, un nombre important); 'dans des coins' (dans des endroits, dans des pays); 'ses potes' (ses amis).

Activité 49

Here are some suggestions:

nos contemporains   *les gens de notre époque/ d'aujourd'hui*

ne cessent   *n'arrêtent pas de*

agresser   *attaquer*

flore   *les fleurs/les végétaux*

faune   *les animaux*

méprisées   *ne sont pas respectées*

saccagées   *démolies/détruites*

lamentable   *triste/déplorable*

hostile   *dangereuse*

nuisible   *dangereuse*

inconsciemment   *sans y penser*

effaçant le passé   *faisant disparaître le passé*

voire   *même*

Activité 50

2   Here is a suggested answer:

Le protocole de Kyoto entre les mains des pollueurs

Les chefs d'états de nombreux pays se sont réunis à Kyoto, au Japon, pour discuter des problèmes associés à l'environnement de la planète. Au cours de ce rassemblement, tout le monde ne partageait pas les mêmes convictions. En effet, les pays de l'Union européenne pensent qu'il est important de s'occuper d'urgence du problème du réchauffement de la planète. De leur côté, l'Australie, le Canada et les États-Unis ne pensent pas que ce problème soit pressant. Toutefois, il ne faut pas mettre seulement en cause ces trois pays car il faut se rendre à l'évidence que, si les pays industrialisés représentent moins de 25% de la population terrestre, ils consomment les trois quarts de l'énergie disponible pour le monde entier.

Pour le moment, nous pensons surtout au climat car les scientifiques les plus alarmistes pensent que le niveau des mers et des océans du monde va monter d'un mètre. Si cela est vrai, un grand nombre de pays vont être envahis par l'eau de manière permanente. D'autres états risquent de connaître la sècheresse.

Le manque d'eau potable, pour la consommation des êtres humains et des animaux va entraîner l'augmentation d'épidémies de choléra, de paludisme et de typhoïde dans certains pays qui sont déjà pauvres et où la température va monter de 3 à 5 degrés.

Devant la gravité de la situation, on s'attendrait à ce que tous les pays représentés à la conférence prennent des décisions unanimes pour s'attaquer au problème. En réalité, le Canada, l'Australie et les États-Unis ont déclaré que de signer l'accord de Kyoto mettrait en danger leurs intérêts commerciaux personnels. On dit aussi que de nombreux industriels européens sont de leur avis.

Il semblerait donc que certains pays et un certain nombre de gens pensent que leurs intérêts personnels sont plus importants que le réchauffement de la planète avec toutes ses conséquences tragiques pour l'humanité.

Activité 51

This activity has no *corrigé*.

Activité 52

No model answer is provided, but bear in mind that a person switches register according to:

* the purpose of the communication, the idea he/she has of the intended reader;

* his/her mood at the time of writing;

* his/her position in society (also in relation to that of the intended reader);

* his/her environment at the time of writing (morning, afternoon, etc).

Activité 53

Here is a possible answer:

> … au cours d'une promenade sur la plage j'ai remarqué un égout qui apparemment déversait des liquides non identifiables sur le sable. Ces liquides, de couleurs différentes, me paraissaient potentiellement polluants, voire dangereux.
>
> Je vous serais reconnaissant(e) de bien vouloir me faire connaître l'origine de ces évacuations et de m'assurer que ces liquides ne représentent aucun danger pour les nombreux enfants qui jouent sur la plage et qui seraient attirés par les couleurs…
>
> etc. (+ formula)

Activité 54

This activity has no *corrigé*.

Activité 55

2

Quotidiens	Information à caractère local	Information à caractère international	Lectorat aimant les détails et les statistiques	Lectorat de gauche	Journal fantaisiste
La voix régionale	✔				
Nouveau combat		✔		✔	
Les dernières nouvelles					✔
L'Information		✔	✔		

3   Pour commencer, les deux articles ne sont pas de la même longueur, *La voix régionale* compte 107 mots, alors que *L'Information* s'étend[1] sur 490 mots! *L'Information* présente beaucoup de chiffres et de statistiques alors que le journal local ne semble s'intéresser qu'aux travaux d'un professeur de l'université locale. De plus, ce quotidien parvient aussi à féliciter un collaborateur local. Le but de *La voix régionale* est d'attirer l'attention sur des faits ou des personnages de la région. En ce qui concerne *L'Information*, on peut dire qu'il s'adresse à des lecteurs qui aiment les sciences ou des sujets ardus. Le quotidien présente des faits soutenus par des statistiques, des données chiffrées et des citations.

Activité 56

2

But de l'article	*Nouveau combat*	*Les dernières nouvelles*
convaincre	✔	
faire peur		✔
distraire		✔
donner des statistiques	✔	
donner des justifications ésotériques		✔
faire l'apologie de la redistribution équitable des ressources naturelles	✔	
reconnaître l'importance du football pour son lectorat		✔

3   Bearing in mind that *Les dernières nouvelles* is a caricature of a newspaper, this is how one could compare its article with that of *Nouveau combat*, a left-wing paper:

Il suffit de lire la première et la dernière phrase de chaque quotidien pour connaître les objectifs de leurs éditeurs. *Nouveau combat*, un quotidien de gauche, est préoccupé par une redistribution des ressources planétaires à l'échelle mondiale, alors que *Les dernières nouvelles* semblent avoir pour objectif de distraire ou même d'effrayer leur lectorat. *Nouveau combat* veut convaincre son lectorat en appuyant son message sur des statistiques et des données chiffrées. De son côté, *Les dernières nouvelles* renvoie ses lecteurs et ses lectrices aux prophéties de Nostradamus et s'inquiète de l'effet possible des cataclysmes dans certaines parties du globe sur les matches de football.

Activité 57

This activity has no *corrigé* but check your work using the self-evaluation list on pages 80–81.

Activité 58

This activity has no *corrigé* but, as in the previous activity, use the self-evaluation list to check your work. Check in particular the slant you have put on the article by ticking the four aspects of the definition each time you feel you have taken them directly or indirectly into account.

[1] To avoid the repetition of *compte* we have chosen a different verb expressing the same idea in this context although the two verbs would not appear together in a dictionary of synonyms.

Activité 59

3 Here is an example of what you might have written:

Depuis très longtemps, les êtres humains ont endommagé la nature. De cette façon, en se servant du feu pour brûler des sections de forêts pour pouvoir cultiver la terre, et aussi du bois pour faire des feux pour sa nourriture, l'Homme a détruit presque toutes les forêts de la planète. Ensuite, les Grecs, les Romains et les autres conquérants de l'antiquité ont détruit les villes et les villages de leurs ennemis. Les découvertes de la Renaissance ont permis une expansion des Européens dans le monde entier et l'expansion de maladies partout sur la planète. La Révolution industrielle qui a généralisé l'emploi du charbon dans les machines à vapeur dans les usines et dans les transports a augmenté l'impact de la pollution sur notre environnement. Le dix-neuvième siècle a encore augmenté la pollution dans l'air, dans l'eau et sur la terre. Le vingtième siècle a apporté la pollution nucléaire.

Donc, on peut dire que l'expansion de l'industrialisation sur toute la planète, la mondialisation, c'est-à-dire la création d'économie à l'échelle planétaire, une population humaine qui augmente toujours plus, et les difficultés économiques ont détérioré considérablement la situation. Pire encore: nous dépensons follement nos ressources en énergie et en nourriture, ce qui met en danger notre propre existence à l'avenir.

L'être humain a trop confiance en la technique, et il pense aujourd'hui pouvoir devenir complètement indépendant de la nature.

Activité 60

This activity has no *corrigé* but analyse carefully the places where you altered your text to fit the new audience. Have you done enough? Why did you feel it was necessary?

Activité 61

This activity has no *corrigé*, but spend some time checking your work as in Activities 57, 58 and 60.

Activité 62

This activity has no *corrigé*, but complete the checks and tick each time you have used one of the expressions we have suggested.

Les affaires publiques

Activité 63

2 Here is a list of the adjectives which appear in the texts:

radicales; éloquent; ouvriers; son; coloniale; bonapartistes; politique; graves; actif; sceptique; démocratiques; multiples; modérés; socialiste; français; marxiste; convaincu (also past participle); désireux; européenne.

The great majority of these adjectives provide information which is essentially neutral and objective (political orientation, nationality – this applies here even to *radicales* and *modérés*, which in other contexts might express a more personal assessment).

Activité 64

1 Here is a possible answer:

Pierre Forgeron est né à Montréal le 15 janvier 1888. Élève d'abord à l'École des Moineaux, il poursuit des études supérieures à la Sorbonne, où il s'intéresse à la politique. Ce n'est qu'après la mort de son père en 1915 qu'il commence des études de médecine. Il établit en 1919 le comité d'étudiants pacifistes, et en 1924 publie *La guerre contre la guerre*, ce qui mène à des accusations d'espionnage. Il s'exile en Espagne en 1933, mais subit un accident de cheval dans lequel il souffre d'une fracture de l'épaule. Il se fait soigner en Angleterre, où il prépare également son retour en France en 1935 et l'établissement du Parti Démocratique

Indépendent (PDI) en 1936. En 1937, il se marie avec Pascale Lajoie avec qui il aura quatre enfants. Il devient président du parti en 1947, et il le dirige jusqu'à sa retraite en 1952. Au cours d'une visite à Londres en 1968, il tombe malade et il meurt le 24 décembre.

2   Here is a possible answer:

Mao Zedong

Né le 26 décembre 1893 à Shaoshan (Hunan), fils de paysans aisés, il est aide-bibliothécaire à l'Université de Pékin où il se familiarise avec le marxisme, et participe, en juillet 1921, à la création du PCC. Élu au comité central en 1923, il est arrêté en 1927, s'évade et établit une base dans les monts Jinggang où il applique une réforme agraire. Attaqué par les forces de Tchang Kai-chek, la Longue Marche vers le nord-ouest (octobre 1934–octobre 1935) lui permet de gagner à la cause révolutionnaire de nombreux paysans. Porté à la tête du PCC en 1935, il en reste président jusqu'à sa mort. Face à l'invasion japonaise (1937), il conclut une trêve avec le Kuomintang. Avec la reprise de la guerre civile, l'Armée populaire de libération s'empare, en trois ans, de tout le territoire, et, le 1er octobre 1949, Mao proclame la République populaire de Chine, dont il est président du conseil, puis chef de l'État (1954–1959). Après avoir lancé sa campagne du Grand bond en avant, il rompt avec l'URSS. Le 18 août 1966, il lance la Révolution culturelle appuyée sur les Gardes Rouges. Le Grand timonier, retiré de la vie publique en octobre 1970, meurt à Pékin, le 9 septembre 1976.

(http://www.de-gaulle.org/degaulle/biographies/maozedon.htm) [dernier accès le 17 avril, 2002]

Activité 65

2

	Objective details	Author's personal opinion
Mme de Staël on Robespierre	son teint pale; il portait seul de la poudre sur ses cheveux (c'est-à-dire qu'au milieu de la Révolution et de la Terreur, il était le seul homme à poudrer ses cheveux); ses habits étaient soignés	ses traits étaient ignobles; sa contenance n'avait rien de familier; ses veines d'une couleur verte; il n'était point mal vêtu
Victor Hugo on Napoléon	un homme de moyenne taille; froid; pale; lent; il a la moustache épaisse et couvrant le sourire comme le duc d'Albe; l'immobilité de ses traits; yeux… ternes et opaques	l'œil éteint comme Charles IX; l'air de n'être pas tout à fait réveillé

Activité 66

Here is a possible answer:

Elle était petite, blonde et droite. Elle avait le front assez haut, le nez aquilin et fort, le menton volontaire, assez pointu. Elle portait ses cheveux bouffants, toujours impeccablement coiffés. Elle avait l'œil vif, le regard intense. Elle était toujours bien vêtue, très soignée. Elle portait d'ordinaire un sac à main, de qualité supérieure. Sa voix était puissante et un peu aigüe, et dominait facilement ses interlocuteurs.

Activité 67

1   The author, and those whom he quotes, use nouns, in particular, to evoke Mitterrand's qualities:

réticences (at the idea of having to pilfer food); *sensibilité* (although disguised by his *air un peu froid* and his *raideur*); *sourire d'encouragement, geste de réconfort*, etc.; *densité d'attention et de malice; finesse; orgueil* (but also *dignité*); *maîtrise de soi; discretion*.

The *portrait* is enlivened by the use of adjectives and adverbs (or adverbial phrases):

> *terriblement présent; lumineux; sens aigu; un poids insupportable.*

Verbs convey information, but also contribute significantly to the subjective quality:

> *il n'accepte pas le travail des prisonniers; il a compris la peine ou l'inquiétude ou le trouble de chacun…; il prend part; … écoute et se trouble.*
>
> *Injustice sociale et poids de la pauvreté, ségrégation, atteinte à la liberté de l'esprit … pèsent soudain.*

Lastly, consider the following sentence, in which the author uses other emotive devices to convey to the reader how captivity was, in spite of everything, a formative and irreplaceable experience in the personal development of a man who was, one day, to play an historic rôle:

> *François Mitterrand sait que désormais il ne pourra plus être, quoi qu'il fasse, quoi qu'il arrive, le petit jeune homme bien élevé, bien appris qu'il a été, qu'il ne pourra plus penser tout ce qu'on a voulu qu'il pense. Sa situation même de prisonnier, comme tant de propos entendus, le met en garde contre tout ce qui permet à l'homme de jouer contre la liberté de l'homme, de créer les hiérarchies de l'injustice et du mépris, de profiter de la misère des humbles.*

The author personalizes the description, making it more intimate, perhaps also enhancing the sense of the central figure's importance. The repetitions, above all, create an oratorical and poetic, and so persuasive, effect:

> **quoi qu'il** fasse, **quoi qu'il** arrive …; **bien** élevé, **bien** appris; **il ne pourra plus** être… **il ne pourra plus** penser; **de jouer** contre la

liberté de l'homme, **de créer** les hiérarchies de l'injustice et du mépris, **de profiter** de la misère des humbles.

2 Mauriac uses very marked repetitions and progressions to produce an emotive effect:

> *un homme… de cet homme – de cet homme seul.*
>
> *C'est vers lui, c'est vers eux que la France débâillonnée jette son premier cri, c'est vers lui, c'est vers eux que, détachée du poteau, elle tend ses pauvres mains.*
>
> *Mais nous, durant les soirs de ces hivers féroces, nous demeurions l'oreille collée au poste de radio, tandis que les pas de l'officier allemand ébranlaient le plafond au-dessus de nos têtes. Nous écoutions, les poings serrés, nous ne retenions pas nos larmes.*

The images, too, are emotive: France appears as a victim tied to a post, gagged, suffering, then stretching *ses pauvres mains* towards the rescuer and those who have fought alongside him. France is *humiliée, vaincue, matraquée*, helpless in the hands of the cruel tormentors who are *tremblant de joie*; the victim is *outragée, trahie et livrée à ses ennemis…*

The servants of the Vichy régime are valets in the service of the Nazi *bourreau*, people who *flairaient le vent, cherchaient leur avantage, trahissaient*.

The hero is a *jeune chef*; the man who condemns him is *un vieux maréchal aveugle depuis vingt ans*.

Activité 68

Here is a possible answer:

> Il a assumé sa mission de président avec beaucoup de dignité, et non moins de sagesse politique; il y a montré une fine intelligence alliée à une authentique bienveillance et un sentiment de responsabilité profonde à l'égard de son peuple. Universitaire et économiste distingué, il était aussi, grâce à ses convictions politiques, fortement engagé dans un processus de reconstruction nationale. Il a, en effet, réussi à guider son pays à travers un

parcours exceptionnellement difficile et délicat, créant un climat de confiance et de sérénité qui a permis à d'anciens adversaires mortels d'entamer un dialogue réconciliateur et d'accepter que les institutions législatives et juridiques fonctionnent, de nouveau, d'une manière efficace et sûre.

Activité 69

2   An exhaustive analysis is not necessary, but some points, which you may have identified, are highlighted in italics:

Mme de Staël: *caractère de calme et d'austérité […] le faisait redouter de tous ses collègues; … il y avait quelque chose de mystérieux dans sa façon d'être, qui faisait planer une terreur inconnue au milieu de la terreur ostensible que le gouvernement proclamait; son caractère envieux et méchant s'armait avec plaisir [des idées égalitaires].*

Hugo: mercilessly mocks the Emperor who:

- has done nothing more impressive (according to Hugo!) than learn to ride well and write *un Traité* [ironic capital letter] *assez estimé sur l'artillerie*;

- loves – because he is *vulgaire, puéril, théâtral et vain* – all the superficial signs of power;

- *s'habille en général* – although his only military achievement is being the nephew of the great Bonaparte.

3   The following words and phrases impart the positive quality of the text:

mains fines, mais fortes; regard sincère et sûr; comportement vif et actif; son humanité et aussi son humilité; d'une élégance et d'une gentillesse naturelles; toujours prêt à soutenir les autres; sa modestie.

Other features are:

- alliteration: *mains fines, mais fortes*;

- contrast: *voluptueux mais maitrisé; un individu pas comme les autres; on a découvert davantage… sur le journaliste… que sur sa victime*;

- emphatic assertion: *elle tient parole; on lui fait confiance; elle nous protège.*

Notice however, that many of the sentiments expressed could also be seen in a negative light if the context were different: *C'est un individu pas comme les autres; un moyen d'auto-protection pour ne pas trop se révéler; on a du mal à reconnaître ses défauts.*

4   Here is a possible answer in which the description is negative:

Ses mains fines, mais fortes, s'agitent sans cesse, et ses yeux fuyants et peu sincères ne disent pas la même chose que ses paroles: c'est par ce comportement nerveux et anxieux, volubile et trouble, animé mais non-maîtrisé, que l'on comprend son hypocrisie. C'est un individu pas comme les autres, qui se remarque tout de suite au dessus des têtes de la foule – quelqu'un qui ne passera jamais inaperçu. Maladroit et laid, et toujours prêt à abandonner les autres, on a du mal à en dire du bien. Son manque de communication est peut-être de trop, pourtant, et au cours d'un entretien à la télévision, on a découvert davantage sur le journaliste qui l'interviewait que sur son interlocuteur. Mais cela peut être également une stratégie de défense psychologique, un moyen d'auto-protection pour ne pas trop se révéler aux autres. Alors, finalement, est-ce un aspect positif? Non! Plutôt une façon de s'isoler des autres, de garder une distance publique, cultivée exprès pour se cacher, pour faire semblant d'être occupé à rendre service à un public habitué aux gestes grandioses et aux serments creux. Il ne tient pas parole. On ne lui fait guère confiance: c'est pour cela qu'il n'a pas été élu.

Activité 70

Here is a possible answer:

Borné, mesquin, n'ayant ni générosité de cœur ni perspicacité politique, il manquait à la fois d'imagination et d'intellect. Le front bas, le regard vague et perplexe, l'allure tendue et la poitrine gonflée comme s'il voulait se convaincre de sa propre importance, tout annonçait en lui un esprit médiocre et un caractère insignifiant. S'il fallait un aigle capable de percer à travers les nuages pour atteindre les hauteurs, on ne trouvait à sa place qu'un pingouin balourd et maladroit.

Activité 71

1   The biography is that of the singer Georges Brassens. The missing words are:

quitter; fournir; son; éclate; secouent; vie; libertaire; ses; mais; hypocrisie; la; faveur; anarchiste; envers; goût; pour; le; souvent; Gely; médecin; natale; pauvres; et; l'; part.

2   Here is a possible answer:

Napoléon Bonaparte est né en 1769. Il est arrivé à l'âge d'homme quand la Révolution française commençait. Il a commandé l'artillerie des forces révolutionnaires avec succès au siège de Toulon en 1793. Il a été promu brigadier général quand il avait à peine 25 ans. Il est devenu le défenseur de l'idée révolutionnaire et de la France, parce que les régimes monarchiques des pays voisins voulaient les détruire. Il a aussi créé les bases mêmes de la France moderne.

Il était petit, assez maigre, avec un nez pointu, un menton fort, une bouche ferme, un regard perçant, et un front haut. Ses paroles et ses actions montrent du courage, beaucoup de sens commun, quelquefois de la profondeur, une grande ambition, beaucoup d'humanité et de générosité. Il a dit: « Impossible n'est pas un mot français! », et il a déclaré: « Une puissance supérieure me pousse à un but que j'ignore; tant qu'il ne sera pas atteint je serai invulnérable, inébranlable; dès que je ne lui serai plus nécessaire, une mouche suffira pour me renverser. »

Sa contribution à la modernisation de la France a été grande: il a réorganisé l'armée, et aussi produit des innovations économiques et sociales – il a créé la Banque de France et la Bourse de Paris; il a réformé les impôts et changé la situation des paysans qui avaient souffert beaucoup depuis des siècles; il a fait construire 56 000 kilomètres de routes et 2 000 kilomètres de canaux; il a créé des lycées et des grandes écoles et des centres de recherche; il a ordonné la codification des lois, il a réformé l'administration, et créé des possibilités d'avancement selon le mérite. Il a rétabli la religion Catholique et aussi assuré la liberté du culte pour les Protestants et pour les Juifs. Sa codification des lois est toujours la base du Code Civil en Belgique, au Québec et dans la Louisiane, aux Pays-Bas, en Italie, en Espagne, et dans plusieurs pays d'Amérique du Sud.

On comprend les mots de Victor Hugo, grand admirateur de Napoléon, qui disait: « Tout dans cet homme était démesuré et splendide. Il était au-dessus de l'Europe comme une vision extraordinaire. »

Activité 72

This activity has no *corrigé*.

Grands projets

Activité 73

2   The text describes how the gare d'Orsay was converted into a museum.

3   First paragraph: Orsay au temps où c'était une gare.

Second paragraph: Les années de transition.

Third paragraph: La transformation en musée.

Fourth paragraph: Un musée impressionnant.

Fifth paragraph: Des collections fabuleuses.

Activité 74

L'insu-portable

L'utilisation du téléphone portable fera peut-être bientôt partie des 'incivilités' qui tendent à se multiplier dans la société. Si les Français semblent bien l'accepter dans les restaurants, les cafés, les gares ou les aéroports, une majorité d'entre eux ne les supportent pas dans des lieux publics comme les musées ou les salles de spectacle; 69% sont ainsi favorables à leur interdiction au cinéma.

Activité 75

(a) Here are some possibilities:

    (i) progressivement; (ii) absolument, totalement;

    (iii) particulièrement; (iv) pour solutionner.

(b) Here are some possibilities:

    (i) On a inauguré le musée à temps.

    (ii) La seule solution valable serait de contacter d'urgence l'hôpital pour résoudre enfin la situation.

    (iii) La génétique a connu des changements profonds.

    (iv) Un seul des cas étudiés permet de conclure avec précision.

Activité 76

1   Here are some possible answers:

    (i) la route, la trajectoire, le cheminement;
    (ii) pour; (iii) organisée, construite;
    (iv) extraordinaire; (v) passée, ancienne, terminée;
    (vi) maison, domicile; (vii) la métamorphose, le changement; (viii) ouvert avec éclat; (ix) un projet.

2   Here are some possible answers:

    (i) Sa métamorphose de gare en musée fut longue, insolite et complexe.

    (ii) Monument classé en 1978, il ne fut pas détruit.

    (iii) Séparé du Louvre par la Seine, c'était l'endroit parfait.

    (iv) Par sa taille inhabituelle, il offre des possibilités nouvelles pour un musée.

    (v) On y a installé les œuvres conservées au Louvre et au musée d'Art moderne.

Activité 77

2   Au cœur de l'ancien bassin houiller de Lorraine; Forbach; en ce moment; Une exposition, organisée dans l'ancien lavoir du carreau Wendel, retrace plus de deux mille ans d'histoire laborieuse; au passé; au futur.

3   la ville de; Moselle; à tous ceux qui s'intéressent aux relations entre l'homme et le travail, un curieux parcours initiatique; son lot de violences, d'asservissements, de grèves, d'exclusions; l'arrivée des nouvelles technologies, la flexibilité, la mondialisation.

4   Au cœur de; en ce moment; avec; et.

Activité 78

Here is a possible summary:

    À Forbach en Lorraine, dans une mine désaffectée, une exposition décrit l'histoire des houillères et les perspectives pour cette région.

Activité 79

Here is a possible summary of the text *Une métamorphose architecturale*.

    Construite en 1900 pour l'Exposition universelle, à l'âge des chemins de fers à propulsion électrique, la gare d'Orsay s'avéra inadaptée à la longueur des trains modernes et tomba à l'abandon un demi-siècle plus tard. Scène de film ou de théâtre dans les années 60 et 70, elle ne fut pas démolie, préservée pour sa remarquable architecture métallique. Le président Giscard d'Estaing décida de lui dédier l'impressionnisme et le post-impressionnisme, mal logés en face, au Jeu de Paume. Orsay devint donc musée en 1986, ouvert avec éclat par le Président Mitterrand. Par sa taille grandiose et d'une réputation internationale, il incarne le prestige artistique du XIXe siècle. Au-delà de l'impressionnisme, ses collections prestigieuses regroupent le patrimoine de cette époque, de France et d'ailleurs.

Activité 80

2   Here are some possible answers:

    (a) Le patrimoine désigne l'ensemble des livres publiés en France.

(b) Le dépôt légal est l'obligation à tout auteur/ éditeur de déposer une copie de la publication dans les services de l'État, notamment à la BNF. Le numéro du dépôt légal figure dans toutes les publications.

(c) aux aguêts, attentifs à, au courant de…

(d) tout mélanger, tout confondre…

(e) le stock le plus important

Activité 81

1   You may have expressed your questions as follows:

(i) La nouvelle Bibliothèque nationale, est-elle une rupture par rapport à la précédente?

(ii) N'est-elle pas trop grande?

(iii) Pourquoi conserver tant de documents, alors qu'ils ne seront pas utiles pour longtemps?

(iv) La BNF, a-t-elle une dimension francophone?

2   Here are some possible answers:

(i) La BNF utilise de nouvelles technologies afin d'organiser et d'actualiser les documents qui y sont stockés, tout en restant fidèle aux méthodes traditionnelles de transmission des connaissances.

(ii) Au deuxième rang mondial, et d'une taille comparable à celle de la British Library, la BNF permet de consulter des documents jusqu'alors disséminés aux quatre coins du territoire.

(iii) La BNF ne se préoccupe pas seulement de conserver des œuvres représentatives de la culture française, mais offre une variété de documents s'adressant à tous les publics. Telle est sa mission et son obligation légale, d'aider toute recherche sur la France et de garantir un choix maximum à ses visiteurs.

(iv) Alors que la BNF a une dimension francophone, puisqu'elle est la plus grande collection de textes en français, elle s'adresse à tous en offrant des ouvrages en langue étrangère.

Activité 82

2   You may have written something like this:

Ce texte s'attache à identifier quel type de personne est le 'tagueur', quelles sont ses motivations et que signifie cette activité.

3   Here are some possible answers:

First paragraph: Le jeune tagueur aime choquer et laisser sa signature sur les murs.

Second paragraph: Être tagueur, c'est aimer le danger.

Third paragraph: C'est un risque qui excite et ne coûte pas trop cher.

Fourth paragraph: C'est un art primitif.

4

(a) Allusion à Gavroche, un gamin de Paris et personnage des *Misérables* de Victor Hugo. Un Gavroche désigne ici un jeune rebelle qui vient de la grande banlieue autour de Paris.

(b) Désigne un Parisien au courant des dernières modes en matière de culture jeune.

(c) … le Top 50 correspondant aux 50 premières chansons au hit-parade.

(d) … une sensation physique d'excitation.

(e) … un choc physique et émotionnel à 50 ou 60 francs.

(f) Le tag est une sorte de revendication collective impossible à lire.

(g) Le tag est une sorte de protestation de masse sans paroles.

Activité 83

Here is a possible description:

Le tagueur est jeune garçon, chômeur ou étudiant qui s'ennuie. Il aime le danger et méprise les autres citadins et a besoin de se faire connaître en signant sa présence partout où il passe. Le tagueur n'est pas riche, mais peut se payer de quoi exercer son activité illégale; il est au courant des toutes dernières choses et aime bien les copier.

Activité 84

(i) Here is a possible answer. Refer to the self-evaluation list on pages 80–81 to check your work.

Monsieur le/Madame la Ministre,

Je suis un tagueur. Vous trouverez ma signature sur les murs des banlieues, sur les quais de la gare du Nord, dans les couloirs du métro. Je suis sans adresse, la police ne m'aime pas.

Pourquoi ne m'aideriez-vous pas? Vous donnez bien de l'argent au cracheur de feu, au clown, au musicien de rue, au dompteur de lions. Mêmes les jongleurs devant le Centre Pompidou ont droit aux subventions. Pourquoi pas moi?

Mes tags ne sont pas si mauvais. Je ne suis pas comme ces tagueurs qui gribouillent n'importe quoi n'importe où. Je choisis mes murs. J'y mets des couleurs. Mes peintures murales ne sont pas tristes. Elles égaient les cités, les halls de gare.

Et ça coûte cher le graffiti. Il faut bien acheter les bombes à peinture. Et payer les amendes quand on se fait attraper.

Moi aussi, je suis un créateur. Je m'exprime pour moi et pour ceux qui n'ont pas de voix.

Je vous écris aussi pour les autres, ceux qui font parler les murs de la ville.

Monsieur le/Madame la Ministre, pensez aussi à moi et à mes amis, les tagueurs.

Fish, le tagueur

(ii) Here is a possible answer:

Monsieur le/Madame la Ministre,

Je vous écris pour vous demander d'intervenir pour mettre un terme à un véritable fléau social. Je fais allusion aux 'tags', ces graffiti honteux qui défigurent nos villes. Je prends le métro tous les jours, et les murs de la gare du Nord sont couverts de ces signatures obscures et horribles.

Ces 'tagueurs' sont des jeunes oisifs qui n'ont rien d'autre à faire que de rendre public leur ennui et leur mépris pour la société, et ne font rien pour rendre notre ville plus attrayante. Ils feraient mieux de ramasser les papiers ou chercher du travail, au lieu d'étaler leur arrogance.

S'ils sont pris, ils sont juste réprimandés. Ils devraient être punis, condamnés à nettoyer les dégâts qu'ils ont causés ou à aider les personnes âgées.

La loi devrait être modifiée, pour leur apprendre à être responsables et à contribuer à un meilleur cadre de vie.

J. Dupont

Activité 85

2   Here is a possible answer:

Le développement de l'usage de nouvelles technologies remet-il en cause l'existence du musée? Au centre des débats à une conférence tenue au Louvre en septembre 97, cette question est particulièrement difficile. Les conservateurs de musée sont soit ignorants soit méfiants en matière de multimédia, et les projets d'usage de l'internet, de cédéroms, DVD et interactivité dans les musées ont rencontré beaucoup de résistances. Cette méfiance est chez eux à la fois sentiment de la supériorité de l'objet réel par rapport à sa copie numérique et culpabilité de ne pas comprendre cette nouvelle technologie. Certains doutent de la qualité de ces représentations virtuelles du musée, et des motivations financières de ceux qui les produisent, alors que d'autres défendent les possibilités accrues d'étudier ou de contempler des œuvres par le moyen de l'internet. Le musée serait donc le gardien de l'original tandis que la copie est largement diffusée. Ces nouvelles techniques, telle la numérisation, permettent aussi d'explorer l'œuvre en profondeur, et offrent un plus grand accès à la connaissance; déjà intégrées dans certaines expositions, elles sont un complément au musée. Les conséquences de ces développements restent à évaluer.

Activité 86

2 Here are some possible reactions:

(a) L'original est toujours meilleur à la copie; une œuvre d'art vue sur un écran n'a pas la même qualité esthétique que sa version vivante. Le virtuel ne peut pas transmettre l'émotion du réel.

(b) Certains cédéroms sont de mauvaise qualité mais on en trouve aussi certains qui permettent de reproduire fidèlement l'expérience d'un parcours dans un musée. Ils expliquent aussi chaque œuvre, les classifient, ce qui facilite leur accès, et permettent de montrer des détails qu'on ne peut voir à l'œil nu.

(c) Pour le plaisir de se promener dans le musée, pour voir des expositions temporaires, pour voir les œuvres grandeur nature.

(d) Les nouvelles technologies peuvent compléter le musée, en élargissant l'accès aux œuvres d'art à ceux ou celles qui ne peuvent pas aller au musée et/ou en fournissant des explications que le musée ne peut donner. Le musée garde alors sa vocation d'espace physique où se trouve l'original.

(e) Il existe un danger que l'original devienne banal s'il est trop reproduit (par exemple *La Joconde* de Léonard de Vinci), et que l'on devienne tellement familier avec la copie que l'original n'a plus grand intérêt.

Activité 87

This activity has no *corrigé*.

Activité 88

2 (a) Les signataires de cette pétition ont voulu protester contre la construction de la tour Eiffel à Paris.

(b) Ils trouvent la tour Eiffel à la fois inutile et laide, et détruit un Paris qu'ils considèrent comme étant la plus belle ville du monde.

(c) Le texte n'est pas objectif. Les expressions suivantes le montrent:

amateurs passionnés, nos forces, notre indignation, menacés, monstrueuse, la malignité, proclamer bien haut, la ville sans rivale, quais admirables, magnifiques promenades, surgissent les plus nobles monuments, le génie humain, l'âme de la France, créatrice de chefs-d'œuvre, resplendit, floraison auguste, dévastations administratives, vandalisme, l'honneur, l'éloquence, l'amour, cri d'alarme, déshonorer, une protestation.

(d) À chacun(e) son opinion. Il est toutefois intéressant de voir l'hostilité que rencontra, lors de sa construction, le monument le plus visité de la capitale et qui représente Paris dans le monde.

Activité 89

2 (a) longue; monumentale; démesurée; trois cent mètres; gigantesque; colosses; c'est grand; délire des grandeurs; est-ce assez haut.

(b) affreuse; bâtisse; prétentieux; horreur; redoutable; fantastique; monstre; cauchemar; hante l'esprit; effraie; épouvantable; n'est curieuse; ni beau ni gracieux ni élégant; diabolique; est-ce assez beau; mauvais goût.

3 (a) Une espèce de longue chenille monumentale coiffée de deux oreilles démesurées… qui semble conçue par un pâtissier prétentieux et rêvant de palais de dessert en biscuits et en sucre candi…; cette nougatine…; un jeu de boules…; une corne unique et gigantesque…; on dirait l'entreprise diabolique d'un chaudronnier atteint du délire des grandeurs…; d'un temple de carton peint avalé par un terminus-hôtel.

(b) La Tour… prends garde…; Après les phénomènes de chair, voici les phénomènes de fer…; 'Est-ce assez haut?'/ 'Est-ce assez beau?'…; …qui appartient à l'art lyreux par sa décoration et à l'art lyrique par sa destination.

Activité 90

2   Il lui reproche d'avoir perdu la notion d'esthétique. On ne sait plus se servir des matériaux pour faire du beau et on a perdu le sens des proportions et de la simplicité.

3   Here is a possible answer:

> Peut-être la notion de beau a changé depuis. L'esthétique est quelque chose qui appartient à son époque, et ce qui était laid du temps de Maupassant ne l'est plus. D'ailleurs, les monuments qu'il moque sont aujourd'hui parmi les plus visités du monde. Les matériaux de construction ont aussi changé: l'usage des métaux, du verre ou du plastique a permis de faire toutes sortes de nouveaux monuments, de l'affreux comme du grandiose. À Paris, la pyramide du Louvre ne jure pas avec le classicisme du musée. Il est vrai que le classique a l'attrait du temps passé et ses géométries parfaites, mais il n'exclut pas le moderne.

Activité 91

Here is a possible answer. Compare it with what you have written.

> Voici quelques bons conseils pour ceux ou celles qui veulent faire de la randonnée en montagne aujourd'hui si populaire: mangez légèrement mais suffisamment, en évitant ce qui est gras; ne fumez pas ni ne buvez de boissons alcoolisées; habillez-vous pour la chaleur aussi bien que pour la fraîcheur, et surtout portez de bonnes chaussures de montagne et de grosses chaussettes confortables. Soignez vos pieds, en les baignant ou en les frottant à l'étape, et crevez ces ampoules qui vous font mal. Une douche est meilleure qu'un bain chaud. Assurez-vous que votre sac à dos est léger, et confiez vos bagages au porteur ou au guide; prenez le minimum de victuailles, il ne faut pas vous encombrer. Achetez un bâton de marche et prenez une bonne gourde pour une boisson de votre choix; équipez-vous avec de quoi couper, ouvrir une bouteille, vous orienter, prévoir la météo et vous soigner.

Nouveau départ

Activité 92

The jobs Edmond Tirouard is supposed to have had in his colourful career are:

> marchand de poisson; importateur d'éventails japonais au Spitzberg; importateur de bassinoires au Congo; scaphandrier au Canada; dresseur d'animaux (du plus grand, l'éléphant, au plus petit, le ciron); dresseur de sardine à l'huile (il est finalement devenu très riche).

Activité 93

The thirteen stages around which *Martine* is constructed are as follows:

(i)   Elle s'appelait Martine. Elle avait trente-neuf ans et était mariée avec Robert depuis vingt ans. […] Elle avait passé ces vingt années à la maison, à s'occuper de son mari et de ses enfants.

(ii)   Elle pensait qu'il était temps de refaire un peu sa vie, […].

(iii) Giselle a conseillé à Martine d'aller dans un centre d'orientation professionnelle afin de faire évaluer ses aptitudes.

(iv)   Un bon matin, […] Martine s'est rendue au centre d'orientation professionnelle de sa ville.

(v)   Dans l'autobus […] elle a rencontré Josette, […] Josette lui a conseillé de faire de même et lui a promis de l'aider.

(vi)   Martine a dû remplir de nombreux formulaires pour s'inscrire à un cours du soir dans un collège voisin.

(vii) En arrivant au collège, elle a été très embarrassée de voir Robert qui l'attendait dans le hall d'entrée.

(viii) L' air furieux, il est venu la voir […].

(ix)   Martine […] a pensé qu'il vallait mieux rentrer à la maison et éviter une scène devant tous les autres étudiants […].

(x) [...] Josette a interpelé Robert et lui a fait honte en le traitant d'égoïste et de phallocrate [...].

(xi) Robert est entré [...] Il lui a dit qu'il avait réfléchi à la situation, que Josette avait raison [...].

(xii) Martine en est à sa troisième année d'études.

(xiii) Il ne lui en reste que quatre avant d'obtenir son diplôme! [...] et Robert va aux cours du soir [...].

Activité 94

Here is a possible answer. Remember to give the main character a name and to describe his/her milieu to make your story more interesting.

Il était une fois[1] un jeune paysan de vingt-huit ans qui avait du mal à exploiter un champ plein de cailloux dans le nord de la France, dans un petit village près de Vimy. C'était un beau jeune homme blond aux yeux bleus. Il mesurait un mètre cinquante et chaussait du quarante-cinq. Il avait hérité la ferme de ses parents qui étaient partis en Amérique faire fortune dans les casinos de Las Vegas. Antoine, puisque c'était son nom, voulait trouver un moyen de débarrasser son champ des cailloux qui l'empêchaient de cultiver ses betteraves à sucre. Un jour, il a vu une annonce dans une revue pour agriculteurs qui ventait les mérites d'une nouvelle machine qui broyait les cailloux. La poudre provenant des cailloux servait à faire des briques spéciales et très chères pour maisons de parvenus, car, comme le disait l'annonce, ces gens-là aiment bien montrer leurs signes extérieurs de richesse.

Activité 95

1   According to Gerald Prince (*A Grammar of Stories*) the minimal story is made up of three elements. Aristotle once stipulated that a story should consist of a beginning, a middle and an end, a formula which Philip Larkin changed into 'a beginning, a muddle and an end'. Tzvetan Todorov, in *La grammaire du Decameron,* stated that a typical story in this compilation started with a balanced situation which was followed by a transgression, which finally ended in a new equilibrium brought about by a punishment for the transgression.

(a) Cendrillon

A: Cendrillon est une jeune fille malheureuse

B: Cendrillon rencontre le prince à un bal

C: Cendrillon devient princesse

The story of the slipper is only a detail – albeit a crucial one – of the story. One can imagine a modern day Cinderella forgetting her laptop, mobile phone or personal organiser. Cinderella is the story of a young woman, not that of a slipper made of fur[2].

(b) Le petit chaperon rouge

A: Le petit chaperon rouge est mangé par un méchant loup

B: Un bûcheron tue le loup

C: Le petit chaperon rouge et sa grand-mère retrouvent la liberté

(c) Le vilain petit canard

A: Un jeune cygne est rejeté par les canards parce qu'il est différent d'eux

B: Le jeune cygne devient adulte

C: Il est devenu plus beau que les canards

(d) Autant en emporte le vent

A: Scarlett O'Hara est une femme arriviste

B: Scarlett refuse/est incapable de s'adapter au monde qui change autour d'elle

C: Scarlett se retrouve seule

Your summaries may well be different from those above, given that everyone interprets a work of art differently. However, as this is an extreme form of summary, make sure that you 'strip' your stories to the bare minimum and do not keep anything which constitutes examples or illustrations.

---

[1] This is the formula used to begin French fairy tales. They finish with another formula (in the past historic):
Ils se marièrent et eurent beaucoup d'enfants.
[2] The slipper was originally made of fur (*vair*). The homophone *verre* was mistakenly translated into English as 'glass'.

You may wish to apply these principles to your own favourite novel, play or film. How did the plot start? How did it end? What made it possible to logically reach the end, given that it started as it did?

Activité 96

Here is Guy de Maupassant's original text. The mistakes are indicated in bold.

Nous venions de passer Gisors, **où** (interrogative adverb) je m'étais réveillé en entendant le nom de la ville **crié** (it is the name which is shouted, not the town) par les **employés** (agreement), et j'allais m'assoupir de nouveau, quand une secousse épouvantable me jeta sur la **grosse** (spelling) dame qui me faisait vis-à-vis.

Une roue s'était **brisée** (agreement) à la machine qui gisait en travers de la **voie** (the railway line, not the voice. This is a good example of homophones). Le tender et le wagon de bagages, **déraillés** (agreement, agrees with *tender* and *wagon*) aussi, **s'étaient** (agreement) **couchés** (agreement) **à côté** (spelling) de cette mourante qui râlait, geignait, sifflait, **soufflait** (spelling, *soufflait* and *soufflet* are homophones), crachait, ressemblait à ces **chevaux** (confusion between *chevaux* (ʃəvo) and *cheveux* (ʃəvœ) – spelling and sense) **tombés** (agreement) dans la rue, dont le flanc bat, dont la poitrine palpite, dont les naseaux fument et dont tout le **corps** (spelling) frissonne, mais qui ne **paraissent** (verb agreement with *chevaux*) plus capables du moindre effort pour se relever et se remettre **à** (conjunction, not a form of the verb *avoir*) marcher.

Il n'y avait ni morts ni **blessés** (agreement), **quelques** (agreement) contusionnés seulement, car le train **n'avait** (verb agreement) pas encore repris son élan, et nous regardions, **désolés** (agreement), la grosse bête de fer estropiée, qui ne pourrait plus nous traîner et qui barrait la route pour longtemps peut-être, car il faudrait sans doute faire venir de Paris un train de **secours** (spelling).

Activité 97

Here are the missing words:

1 **qui**: relative pronoun.

2 **tout-à-coup** (one could also use **soudain**): *Apparut* is in the past historic, denoting a generally brief action situated at a very precise moment in the past. As the man's appearance is therefore sudden, one needs to put it in context by writing *tout-à-coup* or *soudain*.

3 **qui**: *Qui* is directly placed before a verb and is the subject of that verb.

4 **que**: You have to use *que* because the periods of six or ten quick steps did not follow a rest period. If this were the case, the verb would be spelt *suivaient*. This complex and inverted sentence means, in fact, that a period of rest followed (*suivait*) periods of quick steps. *Un repos suivait que...* (*que* denoting the periods of six or ten quick steps). In this way, one can see that *que* is an object and not a subject.

5 **quand** (one could also use **lorsque**): Remember that when using *quand* or *lorsque* at the beginning of a sentence you have to mention at least two actions as is the case in the text. In fact, the sentence should normally read: *Il s'arrêtait net et se balançait sur ses pieds, hésitant entre la chute et une nouvelle crise d'énergie quand/lorsque son élan énergique l'avait porté au milieu de la rue.* Which word order appeals most to you? In Maupassant's sentence, the inversion creates an added feeling of suspense to the scene. Once in the middle of the street, what will the drunk do?

6 **puis** (one could also use **ensuite** or **alors**).

7 **laquelle**.

8 **puis** (one could also use **ensuite**, **alors** or even **enfin**).

9 **le**: If you have written *qui*, you are implying that *chien* is the subject of *suivre*, in which case you must change the subsequent verbs from the present participle (*s'arrêtant* and *repartant*) to the imperfect to produce a sentence which makes sense.

10 **quand**: *Un petit chien jaune, un roquet famélique, qui suivait en aboyant, s'arrêtait quand il s'arrêtait, repartait quand il repartait.* You can see that the new sentence is rather confusing as *il* could stand for either the dog or the man. Who is doing what?

Activité 98

This activity has no *corrigé*. However, have you made your text a little more sophisticated by replacing all the nouns and adjectives that you use very often with their synonyms?

Activité 99

This activity has no *corrigé*.

Activité 100

2   In this new rendition of the joke, we have created a situation in which the narrator, André, tells a friend a story in which he is a character.

André entre dans le Café de la Gare et aperçoit son copain Julien qui, assis à une petite table, consomme un pastis. Il s'approche de son ami et le salue chaleureusement:

« Alors Julien, comment vas-tu? Cela fait au moins une semaine que je ne t'ai pas vu.

– Ah, salut André, assieds-toi, je te paie un verre. Qu'est-ce que tu prends? »

André montre le verre de son ami de la main et déclare:

« La même chose. »

Julien passe sa commande au serveur qui nettoie une table derrière eux. Une fois servi, André commence à boire son apéritif, pousse un long soupir de satisfaction et exprime sa reconnaissance à son ami:

« Merci. Tu es bien généreux de me payer un verre alors que, si je m'en souviens bien, c'est à moi de payer ma tournée puisque la dernière fois, c'est toi…

– Ce n'est pas grave, au moins, on ne dira pas que je suis avare… En parlant d'avarice, je vais t'en raconter une bonne… Figure-toi que dimanche dernier, le club de pétanque a organisé une petite collecte pour les sinistrés du tremblement de terre au Pérou. Le président du club, qui s'est bien senti obligé de donner quelque chose, m'a remis un chèque de cinquante euros.

– Dupont?

– Oui, Jean-Marie Dupont.

– Et moi qui le prenais pour un avare…

– Eh bien, attends, tu avais raison. Figure-toi que plus tard, je me suis rendu compte qu'il avait oublié de signer son chèque. Alors je suis allé le voir chez lui pour lui signaler la chose. Et là, j'ai été complètement stupéfait. Alors que je lui expliquais la raison de ma visite, il m'a tout froidement déclaré qu'il ne s'agissait pas d'une erreur de sa part, mais qu'il n'avait pas signé le chèque parce que lorsqu'il était généreux, il préférait garder l'anonymat…

– Quel grippe-sou!

– Alors là, je suis tout-à fait d'accord avec toi. »

Les deux hommes rient un moment et sirotent leur apéritif en silence, en arborant un grand sourire. Rien ne rend les gens plus joyeux que les défauts des autres.

Activité 101

This activity has no *corrigé*.

Activité 102

Here is an example of a story which owes its inspiration to the following objects:

roller skates (*des patins à roulettes*); plastic spoon (*une cuillère en matière plastique*); roses (*des roses*).

Il était une fois une fillette qui adorait faire du patin à roulettes. Elle s'appelait Agathe Deblouse. Elle avait douze ans et vivait avec ses parents dans la banlieue de Lyon. Son père était professeur de mathématiques, et sa mère était professeur de physique-chimie. Tous les deux enseignaient au lycée et n'avaient aucun doute sur l'avenir de leur fille unique qui, malgré quelques difficultés scolaires, surtout en mathématiques, finirait un jour par continuer la tradition familiale dans l'enseignement.

Un jour, Agathe se livrait à son passe-temps favori dans un jardin public près du lycée en attendant ses parents qui corrigeaient les cahiers de leurs élèves avant de rentrer à la maison. Elle patinait à droite et à gauche sur les allées du parc, tournait, s'arrêtait brusquement et repartait dans une autre direction.

Agathe s'amusait bien, jusqu'au moment où un de ses patins a écrasé une cuillère en matière plastique jetée par terre par un asocial qui aurait dû la mettre dans une des nombreuses poubelles mises à la disposition du public par les services de la mairie. Les roues du patin se sont bloquées et Agathe est partie brusquement dans la direction d'un banc où était assis un vieux monsieur. Agathe serait tombée si l'homme ne l'avait pas attrapée par le bras. La fillette l'a remercié et le vieux monsieur lui a fait des compliments sur sa façon de faire du patin à roulettes. Il lui a dit que, dans sa jeunesse, il avait été champion de patinage artistique, sur la glace, bien sûr, et qu'il voyait bien qu'elle avait des aptitudes certaines pour ce sport. Il a même ajouté que si ses parents étaient d'accord, il lui écrirait une lettre de recommandation pour qu'elle puisse s'inscrire aux cours d'Olga Pompaski, l'entraîneur de l'équipe de France. Agathe est partie montrer la carte de visite du monsieur à ses parents.

Monsieur et Madame Deblouse ont commencé par être totalement opposés aux nouveaux projets d'Agathe, mais, finalement, ils lui ont donné la permission de s'inscrire chez Madame Pompaski si elle passait le concours d'entrée pour les cours de patinage artistique.

Maintenant, Agathe est championne de patinage artistique et, chaque fois qu'elle apparaît sur la glace, les organisateurs de galas doivent embaucher plusieurs employés pour ramasser les nombreuses roses jetées sur la piste de patinage par les admirateurs et les admiratrices d'Agathe.

Activité 103

This activity has no *corrigé*.

Activité 104

This activity has no *corrigé*.

Science et technologie

Activité 105

2

Procédé utilisé	Exemple
Les temps (le présent de l'indicatif)	Il se tourne vers la science …. (il) établit tout bonnement les fondements de la microbiologie.
	Pasteur découvre une série de bactéries.
	Trois chercheurs [...] élaborent la sérothérapie antidiphtérique.
	L'immunologie est née. Pasteur s'attaque alors à la rage.
	Les malades affluent du monde entier. Le cabinet est trop exigu.
Phrases courtes	Chaque infection a donc son microbe.
	L'immunologie est née.
	Pasteur s'attaque alors à la rage.
	Le cabinet est trop exigu.
	Ainsi soit-il.
	Et ce n'est qu'un début.
	Retombées immédiates.

Procédé utilisé	Exemple
Propositions subordonnées placées en tête de phrase	Ayant associé cristallographie, chimie et optique, il…
	Intrigué par la note d'un physicien, il…
	Acharné, Pasteur découvre…
	Écartant un penchant pour le dessin, il…
	Jurassien, Pasteur naît…
	Soucieux d'améliorer la condition de ses semblables, cet humaniste avait déjà choisi sa voie, stimulé par un père…

3 The author uses verbs which convey the extent of the scientist's enthusiasm and dedication:

se lance dans; ouvre la voie; se penche alors sur; s'attaquant aux ferments; acharné,…; s'attaque alors.

Nouns also express the strength of Pasteur's commitment and of his reactions:

sa passion pour les sciences; un tourbillon de générosité.

Activité 106

2 (a) In general, the author is content to allow the facts to speak for themselves:

Obtenir quelques milligrammes de radium assez pur pour pouvoir établir son poids atomique exige que des tonnes de pechblende soient traitées.

La pluie traverse le toit vitré lorsque le soleil ne transforme pas le hangar en serre.

Qu'un grain de poussière, une particule de charbon tombent dans l'un des bols où les solutions purifiées cristallisent, et ce sont des jours de travail perdus.

Les précieux produits sont aussi une cause d'inexplicable lassitude. Pierre commence à souffrir de douleurs dans les jambes que le médecin de famille attribue à des rhumatismes, entretenus par l'humidité du hangar.

« C'est impossible. »

C'est impossible en effet. Il ne lui reste plus qu'à recommencer toutes les opérations qu'elle a menées pendant près de deux ans, sur huit tonnes de pechblende.

All these facts are in themselves enough to enable us to understand the effort Marie Curie devoted to her research, and the price which she and her husband Pierre paid, their own health being ruined by the effects of radiation.

(b) Within a generally more discreet and understated style, there are, however, a few dramatic declarations:

Ce que Marie va y faire, le souvenir en est resté gravé dans la mémoire de tous ceux qui l'ont vue.

C'est la fin d'une aventure sans précédent connu dans l'histoire de la science. […]

Une thérapeutique, une industrie et une légende vont naître.

And, as in the text on Pasteur, direct quotations, and the 'intimacy' they create with the central character, convey the human aspect of this scientific work:

« Je passais parfois la journée entière à remuer une masse en ébullition avec une tige de fer presque aussi grande que moi, écrit-elle. Le soir, j'étais brisée de fatigue… C'était un travail exténuant que de transporter les récipients, de transvaser les liquides et de remuer, pendant des heures, la matière en ébullition, dans une bassine en fonte. »

« Dans notre hangar si pauvre régnait une grande tranquillité […] nous vivions dans une préoccupation unique, comme dans un rêve. »

« Nos précieux produits pour lesquels nous n'avions pas d'abri étaient disposés sur les tables et sur des planches; de tous côtés on apercevait leurs silhouettes faiblement lumineuses, et ces lueurs qui semblaient suspendues dans l'obscurité nous étaient une cause toujours nouvelle d'émotion et de ravissement. »

Activité 107

You may have written something like this, although your style may be quite different from that of the author of this article.

Antoine Laurent Lavoisier – chimiste français (1743–1794)

Né en 1743 à Paris, Antoine Laurent de Lavoisier est le fils d'un procureur au Parlement. Ayant perdu sa mère très tôt, il est élevé, ainsi que sa jeune sœur, par sa grand-mère maternelle puis par sa tante restée célibataire. Il poursuit ses études au collège Mazarin, puis s'inscrit à la faculté de droit et en 1764 entame sa carrière au Barreau de Paris. Pourtant, il s'intéresse beaucoup aux sciences. De plus en plus attiré par les disciplines scientifiques, le jeune avocat décide d'accompagner le naturaliste Jean Guettard dans ses voyages autour de Paris afin de dresser l'Atlas minéralogique de la France. À 23 ans, il remporte une médaille d'or de l'Académie des sciences et en est élu membre dès 1768.

Cependant, Lavoisier entre dans la profession de fermier général (responsable de la perception des impôts). Il est aussi nommé régisseur des poudres et salpêtres. Résidant à l'Arsenal, il fait étudier l'amélioration des poudres et réussit à quintupler la production de salpêtre grâce au développement des nitrières artificielles.

C'est dans son laboratoire de l'Arsenal que Lavoisier entreprend ses premières expériences en chimie. Introduisant l'usage systématique de la balance, il entame des travaux sur la combustion dès 1774. Cette année-là, il calcine de l'étain dans un vase clos et constate que la masse globale reste constante. Trois ans plus tard, il réitère son expérience avec du mercure. Restée célèbre dans les annales de la chimie, cette expérience lui permet de faire l'analyse de l'air, d'identifier l'oxygène et l'azote et de reconstituer l'air à partir de ces deux éléments. Il montre aussi, à l'instar de Cavendish, que l'eau est obtenue par combustion de l'hydrogène et qu'elle ne constitue donc pas un élément. Il établit de même la composition du gaz carbonique dès 1781, grâce à ses travaux sur le diamant.

Il s'intéresse aussi à la chimie appliquée à la biologie et montre que la chaleur animale provient d'une combustion mettant en jeu le carbone et l'hydrogène.

En ces temps révolutionnaires, Lavoisier partage l'enthousiasme populaire. Député suppléant aux États Généraux de 1789, il devient l'année suivante membre de la commission pour l'établissement d'un nouveau système de poids et mesures. Mais en 1793, après avoir supprimé l'Académie, la Convention impose l'arrestation de tous les fermiers généraux et Lavoisier se constitue prisonnier. Il est alors envoyé devant le Tribunal révolutionnaire et le 8 mai 1794, il est condamné à mort puis guillotiné. Le mathématicien Joseph Louis Lagrange (1736–1813) dira le lendemain: « il ne leur a fallu qu'un moment pour faire tomber cette tête et cent années peut-être ne suffiront pas pour en reproduire une semblable. »

(*Info Science*, 1998–2001)

Activité 108

1 The following expressions, in particular, seem to be typical of the somewhat ornate style favoured in the 18th century:

au lever de l'aurore; voguait; une infinité de pirogues; leurs démonstrations attestaient que…; le gage de notre alliance avec ce peuple; l'aspect de cette côte […] nous offrait le plus riant spectacle; une pyramide […] que la main d'un décorateur habile aurait parée de guirlandes de feuillages; l'île […] reçoit de ses habitants [le nom de] Tahiti.

2   Here is the completed grid:

Sujet	Passé simple	Infinitif du verbe
nous	aperçûmes	apercevoir
je	nommai	nommer
nous	eûmes	avoir
il/elle	fit	faire
nous	courûmes	courir
nous	vîmes	voir
ils/elles	apprirent	apprendre
nous	répondîmes	répondre
il/elle	passa	passer
nous	pûmes	pouvoir
il/elle	offrit	offrir
nous	acceptâmes	accepter
il/elle	attacha	attacher
nous	donnâmes	donner
ils/elles	furent	être
ils/elles	environnèrent	environner
ils/elles	restèrent	rester
ils/elles	retirèrent	retirer
nous	crûmes	croire
nous	découvrîmes	découvrir

Activité 109

This activity has no *corrigé,* but use the self-evaluation checklist as a guide to assessing your work.

Activité 110

Here are some examples of what you might have written:

(1) un; (2) dans; (3) technique; (4) partiront;
(5) depuis; (6) scientifique; (7) assurer; (8) matin;
(9) prévisionnelle; (10) période; (11) a; (12) les;
(13) dès; (14) poursuivre; (15) aussi;
(16) recherche; (17) postes; (18) précaires;
(19) étranger; (20) compte; (21) fuite;
(22) dernières; (23) cette; (24) actuellement;
(25) accompagnera; (26) champs; (27) jugés;
(28) environnement; (29) départs; (30) ces.

Activité 111

2   Here is a possible answer:

Personnellement, je suis épouvanté(e) par ces recherches qui essaient de créer un hybride entre un animal et une machine. J'estime que c'est entièrement contre la nature. Cela ressemble à une histoire de science-fiction où figurent des androïdes ou des cyborgs. On a le sentiment de ne plus savoir où est la frontière entre les êtres vivants et les machines. Où est-ce que cela va mener? On finira par pouvoir programmer les humains! Ce n'est pas surprenant que les militaires s'y intéressent – mais c'est très troublant.

Par contre, la possibilité de pouvoir faire de meilleures prothèses représente quelque chose de tout à fait positif, et si ces techniques permettent à des gens qui ont subi un grave accident de vivre pleinement, il me semble qu'on n'a pas le droit de s'y opposer. Et pour ce qui est de ces travaux qui permettent à des gens sévèrement handicapés de communiquer, de se mouvoir et même de 'retrouver une vie presque normale', là c'est la meilleure utilisation possible de ce nouveau domaine de recherche et de technologie. En fait, cela nous donne beaucoup d'espoir pour l'avenir: plus de maîtrise sur la nature, c'est aussi la possibilité de diminuer la souffrance.

Activité 112

This activity has no *corrigé,* but use the self-evaluation checklist as before, as a guide to assessing your work.

Activité 113

1   For a list of the key learning points contained within this book, refer to the beginning of each *section*.

Activité 114

2　Here is a possible answer:

Appareil volateur ou la découverte du radium – laquelle de ces deux découvertes a changé le plus profondément l'humanité?

Selon la troisième loi de Newton, chaque action a une réaction égale et opposée, et ceci est le cas pour presque toute découverte. Le tout est de savoir si les bénéfices pèsent plus lourds que les coûts, non seulement à court terme, mais aussi en ce qui concerne leurs effets à long terme sur l'équilibre de la nature: ce dernier point est plus difficile à démontrer quand les conséquences d'une découverte ne se produisent souvent que bien loin dans l'avenir.

La découverte de l'appareil volateur était inévitable dès que l'Homme a vu voler un oiseau pour la première fois. Maintenant, on prend pour acquis la facilité de voyager à peu près où l'on veut sur terre; on y rencontre des gens de cultures, de langues, de coutumes différentes – des familles se réunissent dans les salles d'arrivée des aéroports, de Beijing à Acapulco; des hommes d'affaires parcourent la moitié du globe rien que pour mettre une signature sur un contrat!

La découverte du radium, matière de base dans le développement des rayons X et les traitements du cancer, a fait avancer les connaissances médicales et les traitements thérapeutiques d'un grand pas. Cela a sûrement sauvé des vies. Il est impossible pourtant, sans être expert, d'énumérer les autres découvertes ou développement de connaissances scientifiques qui ont suivi, sans quoi on a du mal à peser les deux découvertes de manière équitable.

Néanmoins, nous devons reconnaître que le développement de l'aviation implique aussi son application aux méthodes de guerre, et quand nous y rajoutons la capacité des forces militaires à produire des armes nucléaires, on se demande si le monde n'aurait pas été mieux sans ces deux découvertes.

Le bilan des changements effectués par ces découvertes ne peut être accompli à notre époque, mais nous devons continuer, pour les futures générations, à être vigilants.

Acknowledgements

Grateful acknowledgement is made to the following sources for permission to reproduce material in this book:

Text

Pages 9–10: « Le stress: le syndrome d'adaptation », *France Pratique*, 1996 Prat Éditions; *pages 11–12*: « Sud-est de la France », *Guide Touristique Baedeker de 1901*, Karl Baedeker Verlag; *pages 12–13*: Harvouet, D. « Graine d'appétit sert déjà 100 couverts », *Le Figaro*, 12 January, 2001; *page 15*: Hurbain, P. « La plus petite maison adjugée à Bruxelles 4,9 millions », *Le Soir du jeudi*, 11 January, 2001; *pages 16–17*: « Les vieilles façades ont la peau dure », *Libération*, 29 January, 1999, SARL Libération; *pages 18–19*: Deletraz, F. « Jeanne Moreau en habit vert – rencontre avec une immortelle », 10 January, 2001; *pages 20–1*: Spira, A. « Côté jardin, notre envoyé spécial s'est fait tout petit… Pas assez. », *Paris-Match*, 2 November, 2000; *pages 21–2*: Faizant, J. *Au Lapin d'Austerlitz*, Calman-Levy, 1962; *pages 23, 24, 26 and 28*: various texts/poems, © Christie Price; *page 27*: « Le protocole de Kyoto entre les mains des pollueurs », *Charlie Hebdo*, No. 462, 25 April, Éditions Rotative; *pages 34–5*: Moulin, C. (1981) « Ma grande révélation a été la captivité », *Mitterrand intime*, Éditions Albin-Michel SA; *pages 36–7*: Mauriac, F. « Le premier des nôtres », *Le Figaro*, 25 August, 1944; *pages 37–8*: Canetti, C. « Une métamorphose architecturale », *Label France*, No. 26, December, 1996, Ministère des Affaires Étrangères; *page 39*: Arnaud, J. L. « Entretien avec Jean Favier », *Label France*, No. 21, August, 1995, Ministère des Affaires Étrangères; *pages 40–1*: Rivoire, A. « L'angoisse du gardien de musée face à la techno », *Libération*, 26 September, 1997, SARL Libération; *pages 51–2*: Raynal, F. « Louis Pasteur (1822–1895) et l'institut qui porte son nom », *De découverte en découverte*, Ministère des Affaires Étrangères; *pages 53–5*: Françoise Giroud « Une femme honorable », © Librairie Arthème Fayard, 1981; *pages 55–6*: Fraissard, G. and Manoury, C. « La force des neurones », *Le Monde Interactif*, 17 February, 1999; *page 58*: Hackett, C. A. (edn) (1970) *An Anthology of Modern French Poetry*, Macmillan; *pages 96–7*: « Les Picasso du marqueur », *Le Monde*, 9 November, 1990; *pages 108–9*: Mennessier, M. « Pl us de chercheurs pour la France », *Le Figaro*, 27 October, 2001; *page 142*: « Antoine Laurent Lavoisier – chimiste français (1743–1794) », *Info Science*, 1998–2001.

Every effort has been made to contact copyright owners. If any have been inadvertently overlooked, the publishers will be pleased to make the necessary arrangements at the first opportunity.

L211 course team

Core team

Tammy Alexander *(designer)*
Graham Bishop *(author)*
Vivien Bjorck *(secretary)*
Ann Breeds *(secretary)*
Dorothy Calderwood *(editor)*
Jane Docwra *(production and presentation administrator)*
Dr Bernard Haezewindt *(course team chair/author/ book co-ordinator)*
Pam Higgins *(designer)*
Christine Sadler *(course manager)*
Pete Smith *(course manager/author)*
Peregrine Stevenson *(author)*

External assessor

Dr Bob Powell, University of Warwick

Consultant authors

Christie Price
Yvan Tardy

Critical readers

David Broadbent
Annie Eardley
Xavière Hassan
Kathleen Laureau
Susan Mitchell
Anne Woolmer

This is one of five books that make up the Open University course L211 *Nouvel Envol*. A list of the complete set of books is given below.